跟着音乐去旅行

主　编　陈轶群　罗曼丽
副主编　黄云海　李小亚　楼依妮　吴倩芸

中国商业出版社

图书在版编目（CIP）数据

跟着音乐去旅行 / 陈轶群, 罗曼丽主编 . -- 北京：中国商业出版社, 2022.12
高等职业院校人文素养课程校企合作教材
ISBN 978-7-5208-2350-0

Ⅰ.①跟… Ⅱ.①陈…②罗… Ⅲ.①音乐欣赏—高等职业教育—教材 Ⅳ.① J605

中国版本图书馆 CIP 数据核字 (2022) 第 226732 号

责任编辑：王　静

中国商业出版社出版发行
（www.zgsycb.com　100053　北京广安门内报国寺 1 号）
总编室：010-63180647　编辑室：010-83114579
发行部：010-83120835/8286
新华书店经销
定州启航印刷有限公司印刷

*

787 毫米 ×1092 毫米　16 开　10 印张　208 千字
2022 年 12 月第 1 版　2023 年 5 月第 1 次印刷
定价：58.00 元

* * * *

（如有印装质量问题可更换）

前　言

2016年11月30日，习近平总书记在中国文学艺术界联合会第十次全国代表大会、中国作家协会第九次全国代表大会开幕式上发表重要讲话，指出："文化是一个国家、一个民族的灵魂。历史和现实都表明，一个抛弃了或者背叛了自己历史文化的民族，不仅不可能发展起来，而且很可能上演一幕幕历史悲剧。文化自信，是更基础、更广泛、更深厚的自信，是更基本、更深沉、更持久的力量。坚定文化自信，是事关国运兴衰、事关文化安全、事关民族精神独立性的大问题。没有文化自信，不可能写出有骨气、有个性、有神采的作品"

为了增强当代大学生的文化自信，增进他们对传统音乐文化的了解和热爱，加深他们对传统音乐文化的情感，使他们学会在一定的历史、地理、人文环境中去把握中华民族音乐的类型以及各地区有代表性的民族音乐，推动他们传播、传承中华优秀传统文化，笔者编写了这本《跟着音乐去旅行》。

本书聚焦中国大陆的旅游和音乐文化，按照习惯上的地理区块划分方法进行章节的划分，主要包含七章：华北地区、东北地区、华东地区、华中地区、华南地区、西南地区、西北地区。每一章按照该地区所包含的省、自治区、直辖市等进行逐一介绍，个别地区由于地域接近、文化和语言特点相似度较高进行了合并处理。

本书选取的内容主要包括各地的民歌、戏曲、曲艺、乐器等以及部分旅游景点。每章包含该地区地理、历史、人文、音乐方面总的概述，主要介绍了以下内容。一是选取能体现每个省、自治区、直辖市音乐特点的传统民歌或者影响深远的创作歌曲，从产生背景、旋律特色、地域色彩、曲式结构等方面进行较为深入的分析；二是选取具有当地特色的戏曲、曲艺或器乐，结合该戏曲、曲艺或器乐的产生和发展、主要流派、表演程式、伴奏乐队构成、代表作品等方面进行讲解，并选取其中的经典作品进行赏析；三是结合音乐作品中的内容选取一处景点进行介绍，强化人们对景点的人文关注；四是知识链接，围绕教材中的相关知识点进行适当的拓展；五是课后习题，为学习者掌握自己的学习状况提供参考。

《跟着音乐去旅行》的编写由浙江旅游职业学院艺术学院负责，结合浙江旅游职业学院旅行服务与管理学院的旅游教学优势，融合浙江星航国际旅行社有限公司的行业优势，从音乐视角及旅游视角对其内容进行了审订。阅读本书，读者可以更为深入地了解各地的旅游文化和音乐文化，加深对地域文化、民族文化的了解，丰富自身的音乐知识，提升人文修养。

我们希望这本在带给读者与旅游和音乐相关的知识的同时，能让读者对各地的旅游景点以及民族音乐产生兴趣。如果读者在使用本书的同时，能主动去探究其中的内容，更深入地了解与之相联系的领域，就能有更大的收获。

编者

2022 年 11 月

目 录

第一章　华北地区 / 1

　　第一节　北京市 / 3
　　第二节　天津市 / 8
　　第三节　河北省 / 11
　　第四节　山西省 / 15
　　第五节　内蒙古自治区 / 18

第二章　东北地区 / 23

　　第一节　辽宁省 / 25
　　第二节　吉林省 / 29
　　第三节　黑龙江省 / 33

第三章　华东地区 / 39

　　第一节　上海市 / 41
　　第二节　江苏省 / 45
　　第三节　浙江省 / 50
　　第四节　安徽省 / 55
　　第五节　福建省 / 60
　　第六节　江西省 / 63
　　第七节　山东省 / 67

第四章　华中地区 / 73

　　第一节　河南省 / 75
　　第二节　湖北省 / 79

第三节　湖南省 / 83

第五章　华南地区 / 89

第一节　广东省 / 91
第二节　广西壮族自治区 / 97
第三节　海南省 / 100

第六章　西南地区 / 105

第一节　重庆市 / 107
第二节　四川省 / 111
第三节　贵州省 / 114
第四节　云南省 / 117
第五节　西藏自治区 / 123

第七章　西北地区 / 127

第一节　陕西省 / 129
第二节　甘肃省 / 132
第三节　青海省 / 136
第四节　宁夏回族自治区 / 138
第五节　新疆维吾尔自治区 / 141

参考文献 / 145

第一章 华北地区

华北地区包含北京、天津两个直辖市，河北、山西两个省以及内蒙古自治区中部，一般指秦岭—淮河线以北、长城以南的中国广大区域。华北地区是中华民族的发源地之一，物华天宝、人杰地灵，自古以来就是人口和城市密集、工农业较发达的地区，中华文化的中心。由于人文、地理、历史的原因，虽然北京和天津之间有很多共同之处，但是华北其他各省（区）之间的音乐形态及其风格有较大的差异。在北京，一面大鼓、一把三弦，历史故事就随着抑扬顿挫的说唱音乐娓娓道来；在天津的港口，码头工人的搬运号子一直流传着；在河北的东部沿海，人们时常听到海洋号子；在山西，"走西口"的曲调流传了数百年，"开花调"更是受人喜爱；在内蒙古，悠长辽阔的长调深受人们的喜爱。

第一节　北京市

北京市，简称"京"，古称燕京、北平，地处华北平原北部，东与天津毗连，其余均与河北相邻，是世界著名古都和现代化国际城市。北京有世界上最大的皇宫紫禁城，祭天神庙天坛，皇家园林北海公园、颐和园和圆明园，还有八达岭长城、慕田峪长城以及世界上最大的四合院恭王府等名胜古迹。

北京市传统音乐非常丰富，除了具有本土语言和艺术特点的一些民歌外，还有一些是传入北京后进行了适应性改变，并且在北京获得了充分发展的艺术形式，如京韵大鼓、京剧等。另外，北京因其政治、文化中心的地位，吸引着大量音乐创作人才，引领着音乐创作的方向。

一、京韵大鼓

京韵大鼓属于鼓词类曲艺音乐，主要流行于包括北京、天津在内的华北及东北地区，是中国北方说唱音乐中艺术成就较高的曲种之一，在全国的说唱音乐中也占有相当重要的地位。2008年，京韵大鼓入选第二批国家级非物质文化遗产名录。

京韵大鼓由河北省沧州地区流行的木板大鼓经艺人改革发展而形成。河北木板大鼓传入天津、北京后，刘宝全改用北京的语音声调来吐字发音，同时吸收石韵书、马头调和京剧的一些唱法，并且创造了新腔，专唱短篇曲目，改称"京韵大鼓"。20世纪20年代是京韵大鼓发展的鼎盛时期，形成了以刘宝全、白云鹏、张小轩为代表的三大流派。其中刘宝全的造诣最高，有"鼓王"之称。之后，女艺人小彩舞（骆玉笙）

兼容了刘宝全、白云鹏等人之长，同时结合自身的特点，创造出自己的艺术风格，特别是在低音方面吐字真切、声腔清晰，有"金嗓鼓王"的美誉。

京韵大鼓运用北京音系的四声（阴平、阳平、上声、去声）说京白、唱京韵，演唱短篇曲目，一篇曲目一般10分钟演唱完毕。它吸取了各种戏曲、杂曲的曲调，吸收了京剧的发音吐字与部分唱腔，借鉴了京剧的表演程式，形成了一套独特的表演身段。京韵大鼓具有半说半唱的特色，唱中有说，说中有唱。所以，唱词在演唱中也占重要的位置。唱词基本为七字句和十字句，多为上下句的反复，并且比较讲究语气韵味，与唱腔衔接自然。其主要伴奏乐器为大三弦与四胡，有时也有琵琶，演员自击鼓板掌握节奏。京韵大鼓以其雅俗共赏的形式、刚柔相济的风格、说唱结合的方法、一曲多用的唱腔和写意传神的表演吸引了大批观众。

京韵大鼓传统曲目有历史题材的《草船借箭》《闹江州》《长坂坡》《白帝城》等，有根据小说内容改编的《祭晴雯》《黛玉悲秋》《探晴雯》等，以及一些写景抒情的小段，如《丑末寅初》《风雨归舟》等。另外，反映现代生活的优秀曲目有《黄继光》《光荣的航行》《韩英见娘》《刘胡兰》和新编历史题材作品《愚公移山》《满江红》《卧薪尝胆》等。

下面以《重整河山待后生》为例进行具体分析。

《重整河山待后生》是吸取京韵大鼓的韵律精华所作的一首作品，由林汝为作词，雷振邦、温中甲、雷蕾作曲，是电视连续剧《四世同堂》的主题歌，由骆玉笙首唱。

《重整河山待后生》为七声宫调式，二段体结构。"千里刀光影，仇恨燃九城。月圆之夜人不归，花香之地无和平"是第一段，其后为第二段。其最显著的特点是一字多音，旋律采用了"1""3""5"作为骨干音，具有浓厚的京韵大鼓音乐特色；"4""7"作为重要位置的音，突出了叙事的意味。《重整河山待后生》中还加入了很多装饰性的音调以及跨度较大的音程，使得旋律时而婉转抒情，时而慷慨悲壮。

京韵大鼓的唱词也非常讲究，不但对语言的韵律有极高的要求，而且要求歌词通俗易懂、立意明确。《重整河山待后生》无论从词还是曲看，都属于精品，具有较高的艺术价值。

知识链接1：骆玉笙

骆玉笙（1914年8月31日—2002年5月5日），京韵大鼓演员，京韵大鼓"骆派"的创始人，艺名"小彩舞"。在70余年的京韵大鼓艺术生涯中，她研习前辈的艺术成果，博采众家之长，以孜孜不倦的探索和努力，创立了以字正腔圆、音乐委婉抒情、韵味醇厚为特色的"骆派"京韵大鼓，开创了京韵大鼓艺术的新局面。

知识链接2：《四世同堂》

《四世同堂》是老舍的经典作品之一，小说以七七事变为开端时间，以抗战胜利为结尾时间，记述了一个个真实的历史事件，如七七事变、淞沪会战、太原会战、台儿庄大捷、汪伪国民政府建立、珍珠港事件、日本投降等。《四世同堂》描绘的画面广阔，描写的时期是抗日战争时期，反映的主题是战争对民族文化的影响，描写的内容是小羊圈胡同市民生活的苦与甜。老舍透过小人物看抗日战争，透过战争思考民族文化，从而对民族文化进行了合理的继承。《四世同堂》叙写了我们民族深重的灾难，处处流露出国家残破的刻骨之痛和"笔尖上能滴出血与泪来"的艺术风格。

景点导航：老舍茶馆

北京茶馆是一种具有多种功能的饮茶场所，充满着中国传统文化的情调，不但数量多，而且种类齐全，有大茶馆、清茶馆、书茶馆、棋茶馆等。茶馆多供应花茶，兼供应红茶、绿茶，茶具多为古色古香的盖碗茶杯。茶馆备有象棋、谜语供人消遣，有的还设有戏台，下午和晚上有京剧、评书、大鼓等演出。

老舍茶馆最能体现北京的地方特色。老舍的话剧《茶馆》反映了北京茶馆几十年的兴衰史。现在的"老舍茶馆"雕梁画栋、花格木窗，墙壁上悬挂着名人字画，吊着华丽的宫灯，摆设着具有晚清风格的桌椅，环境高雅，体现了传统北京茶馆的特色。

二、京剧

京剧又称平剧、京戏，是中国影响力广泛的戏曲剧种之一，分布地以北京为中心，遍及全国各地。清乾隆五十五年（1790年），在南方演出的三庆、四喜、春台、和春四大徽班陆续进入北京，与来自湖北的汉调（汉剧的旧称）艺人合作，同时采用了昆曲、秦腔的部分剧目、曲调和表演方法，又吸收了一些民间曲调，通过不断交流、融合，最终形成了京剧。

京剧流播全国，影响甚广，有"国剧"之称。京剧是中国传统文化的重要表现形式，其中的多种艺术元素被用作中国传统文化的象征符号。2006年5月，京剧经国务院批准被列入第一批国家级非物质文化遗产名录。2010年，京剧被列入联合国教科文组织非物质文化遗产名录（名册）人类非物质文化遗产代表作名录。

京剧在文学、表演、音乐、舞台美术等方面都有一套规范化的艺术表现形式。京剧伴奏分文场和武场两大类，文场以胡琴为主奏乐器，武场以鼓板为主奏乐器。京剧有生、旦、净、丑、杂、武、流等行当，后三行目前已不再立专行。各行当都有一套表演程式，唱念做打各具特色。

京剧的四大行当如下。

生：除了花脸以及丑角以外的男性正面角色的统称，分为老生（分为重唱的安工老生、重做的衰派老生、重武的靠把老生）、武生（分为长靠武生、短打武生并应工猴儿戏）、小生（分为扇子生、雉尾生、穷生、武小生）。

旦：女性正面角色的统称，分为青衣（正旦）、花旦、闺门旦、刀马旦、武旦、彩旦。

净：俗称"花脸"，大多是扮演性格、相貌有些特异的男性人物，化装用脸谱，音色洪亮，风格粗犷。净分为正净（重唱功，也称铜锤花脸、黑头花脸）、副净（俗称"架子花脸""二花脸"）、武净（也称"武花脸"）等。

丑：扮演喜剧角色，因在鼻梁上抹一小块白粉，俗称"小花脸"。它分为文丑（分为方巾丑、袍带丑、老丑、荣衣丑,并兼演彩旦、婆子)、武丑(又称"开口跳")等。

京剧的唱腔属板式变化体,以西皮、二黄为主要唱腔。

西皮一般较为高亢刚劲、活泼明快,非常适合表现欢乐、坚定的情绪。板式有倒板(导板)、慢板(慢三眼)、原板、垛板、散板等。

二黄有倒板(导板)、慢板(慢三眼)、原板、垛板、散板等板式。与西皮相比,二黄一般较为沉着稳重、凝练严肃。

京剧的流派非常多,习惯上以创始人的姓来命名,并且不同的行当中有不同的流派。比较有名的有谭派(谭鑫培)老生、程派(程继先)小生、俞派(俞菊笙)武生、梅派(梅兰芳)旦角等。

京剧以历史故事为主要演出内容,传统剧目有一千三百多个,常演的有三四百个以上。京剧的常见剧目有《四郎探母》《龙凤呈祥》《文昭关》《挑滑车》《霸王别姬》《锁麟囊》《钓金龟》《盗御马》《宇宙锋》《玉堂春》《定军山》《群英会》《打渔杀家》《五人义》《打金枝》《拾玉镯》《三击掌》《六月雪》《四进士》《搜孤救孤》《秦香莲》《打严嵩》《挡马》《金玉奴》《樊江关》《野猪林》《八大锤》《空城计》《智取威虎山》等。

(一)"这一封书信来得巧"(京剧《定军山》唱段)

《定军山》也称《一战成功》,是京剧传统剧目,讲述的是三国时期蜀军老将黄忠的故事。三国时魏蜀交战,曹操派大将张郃攻打葭萌关,被蜀汉老将黄忠、严颜打败。张郃逃到定军山,投奔夏侯渊,准备共同对抗蜀军。诸葛亮为增加黄忠取胜的信心,假意说黄忠年纪太大,打不过夏侯渊,准备换人出战以夺取定军山。黄忠听了很是生气,称自己年龄虽大但力气不减当年,并立下军令状,发誓十日内攻下定军山。诸葛亮见激将法成功,便欣然同意黄忠出战。两军交战中,夏侯渊把黄忠的部将陈式擒去,而黄忠也生擒了夏侯渊的侄子夏侯尚。于是双方商定,在两军阵前互换人质。夏侯渊放回陈式后,黄忠将夏侯尚射死,刺激得夏侯渊出阵较量。黄忠又施展拖刀计,斩杀夏侯渊,夺取了定军山。

"这一封书信来得巧"是黄忠在接到夏侯渊要求走马换将的书信之后,布置战争的一个唱段。

黄忠的念白与唱词如下:

(白)且住!老夫正在无计可施,夏侯渊这封书信来得是刚刚凑巧。明日午时三刻,与他走马换将;先叫他放回陈式,然后放他侄儿夏侯尚。老夫习就百步穿杨,将他侄儿射死,那夏侯渊必不干休,领兵追我;那时老夫杀一阵、败一阵、杀一阵、败一阵。败至在旷野荒郊,用拖刀之计将他斩在马下。夏侯渊哪,夏侯渊!你不来便罢,你若来时,中了老夫拖刀之计也。

(西皮流水)

这一封书信来得巧,

助我黄忠成功劳。

站立在营门三军叫，
大小儿郎听根苗：
头通鼓，战饭造；
二通鼓，紧战袍；
三通鼓，刀出鞘；
四通鼓，把兵交。
进退俱要听令号，
违令难免吃一刀。
三军与爷归营号！
到明天午时三刻要成功劳！

这一唱段从京剧的行当来说，属于老生的唱段。该唱段主要运用了西皮流水板式。流水板的节拍特点是有板无眼，叙述性强，适合表现慷慨激昂的情绪。"到明天午时三刻要成功劳"这一句则运用了西皮散板，节拍自由，无板无眼。

（二）"迎来春色换人间"（京剧《智取威虎山》唱段）

《智取威虎山》于1958年由上海京剧院出品，是根据曲波的长篇小说《林海雪原》中的部分内容改编而成的革命现代京剧剧目。该剧讲述了我军某部侦察排长杨子荣改扮成土匪打入威虎山，最终与追剿队联手歼灭匪众的故事。黄正勤、李桐森、曹寿春、申阳生、陶雄、刘梦德、章力挥、丁国荣、高义龙等先后参与创作、改编。该剧经过了多次会演、修改、完善，于1967年被确定为8部革命样板戏之一。

《智取威虎山》第五场名叫"打虎上山"，讲的是杨子荣改扮土匪登上威虎山的经过。因本场主要是杨子荣的一大段演唱，故有人把这部分的唱段叫作"打虎上山"。该唱段描写的是杨子荣在化装打入座山雕匪巢之前，在林海雪原中抒发自己的豪情壮志，反映了杨子荣必胜的信心。它是本剧的中心唱段，也是现代戏的经典唱段之一，又名"迎来春色换人间"。

以下为"迎来春色换人间"唱段中杨子荣的唱词：
穿林海跨雪原气冲霄汉！
抒豪情寄壮志面对群山。
愿红旗五洲四海齐招展，
哪怕是火海刀山也扑上前。
我恨不得急令飞雪化春水，
迎来春色换人间。
党给我智慧给我胆，
千难万险只等闲。
为剿匪先把土匪扮，
似尖刀插进威虎山。

誓把座山雕埋葬在山涧，
壮志撼山岳雄心震深渊。
待等到与战友会师百鸡宴，
捣匪巢定叫它地覆天翻！

这个唱段不仅尽显京剧唱腔的特色，还展示出了革命战士充满信心的战斗豪情，听起来让人热血沸腾，一直深受人民群众的喜爱。在乐队编配上，该唱段除了传统的京剧文武场外，还加入了交响乐队。高亢激昂的京胡与圆号以及小提琴奏出的旋律时而铿锵有力，时而疾如旋风，时而宽广豪迈，勾勒出一幅苍茫的林海雪原景色，反映了人物内心的澎湃激情。

知识链接：童祥苓

童祥苓（1935年3月— ），江西南昌市人，京剧演员，工老生，第一批国家级非物质文化遗产项目京剧代表性传承人。他8岁学戏，先后向刘盛通、雷喜福、钱宝森等学艺，多演余派（余叔岩）戏。后来，他又拜马连良、周信芳为师，余、马、麒各派剧目均能演出。真正让他声名远扬的是《智取威虎山》的主人公杨子荣。

课后习题：

1. 京韵大鼓与京剧虽然都是北京有特色的艺术形式，但是京韵大鼓所使用的语言与京剧有所不同，请问这是为什么？
2. 京剧的行当主要有哪几种？每一种行当又如何细分？
3. 收集有关北京的歌曲，并谈谈对歌曲的体会和感想。

第二节　天津市

天津市，简称"津"，别称津沽、津门，是环渤海地区的经济中心。其地处华北平原的东北部，东临渤海，北依燕山，西靠首都北京，是中国北方最大的港口城市，素有"九河下梢""河海要冲"之称。它还是著名的历史文化名城，有独乐寺、大沽口炮台、望海楼教堂、义和团吕祖堂坛口遗址等，有被列为世界文化遗产的黄崖关古长城，还有造型各异的烽火台20多座。

天津是诸多曲艺形式发源、兴盛和发展的地方。其中，天津时调、天津快板、京东大鼓、京韵大鼓、铁片大鼓、快板书等曲艺形式是在天津形成的；京剧、河北梆子、相声、评剧、评书、单弦、梅花大鼓、西河大鼓等也是在天津发展和兴盛的。

一、天津民歌

由于天津地理、历史、政治、经济等因素的影响，天津民歌集百家之长，包容了各种各样的文化元素，形成了独特的文化底蕴，具有独特的天津味道。《画扇面》《放风筝》《莲花落》《绣荷包》《十朵花》《探情郎》等都是脍炙人口的佳作。下面选取《画扇面》《放风筝》进行具体介绍。

（一）《画扇面》

天津有历史悠久、驰名中外的杨柳青木版年画。杨柳青木版年画是中国年画艺术的代表，在天津文化发展史上占有重要的地位。杨柳青木版年画对研究天津地区民俗文化、北方其他木版年画乃至中国美术史等均具有重要价值。

《画扇面》这首歌描写的就是天津杨柳青镇的一位姑娘在家中描画扇面的场景，具有浓郁的天津地方风味，充满生活情趣。这首歌是加变宫音的五声徵调式歌曲，中间出现了小二度的装饰性的辅助音，采用了较多的后半拍起的节奏，具有北方音乐的风格特点。其中最具特色的音调莫过于向下七度、八度的大跳，使歌曲显得风趣幽默，具有口语化的特点。

景点导航：杨柳青镇

杨柳青镇有华北第一宅——石家大院、平津战役天津前线指挥部旧址陈列馆、普亮宝塔、明清街、文昌阁等，另有体现古镇传统风格的南运河民俗文化区。杨柳青镇有起于宋代、兴于明代、盛于清代乾隆年间（1736—1796年）的杨柳青木版年画，以及杨柳青剪纸、风筝、砖雕、石刻等民间艺术。在中国，提到"杨柳青"，人们往往先想到的是年画，所以说杨柳青镇是因"画"扬名。

（二）《放风筝》

放风筝的题材不是天津民歌独有，河北等地也有相同曲名的民歌，但是曲调各不相同，风格更是各具特色。天津民歌《放风筝》结构较为规整，节奏比较均匀，音调相对简单，属于五声徵调式，其中向下的七度大跳与《画扇面》相似，体现出非常鲜明的地方特色。歌词采用了叙事、夸张等手法，将姐妹二人放风筝的场景表现得充满乐趣。

二、天津时调

天津时调是天津曲艺中较有代表性的曲种之一，具有浓郁的地方特色，主要流传于天津市，是唯一一个以天津地名命名的曲艺曲种。

天津时调源于明清小曲，于清末民初形成并流传于天津城区，是随着天津的商业发展和漕运往来，在流入本地的南北民歌、时兴小曲的基础上形成、发展而来的。它的曲调多样，曲目丰富，涉及内容均与当时的民风、民俗有密切的关系。天津时调在天津曲艺中具有特殊而重要的地位，是研究天津曲艺的形成、发展、成熟等过程的重要参照，是研究天津城市历史沿革不可多得的"活化石"。2006年5月20日，天津时调经国务院批准被列入第一批国家级非物质文化遗产名录。

天津时调以天津方言演唱，采取一人或两人执节子板站唱，另有人操三弦和四胡等伴奏的表演形式。20世纪50年代之前，天津时调的演出皆设有场面桌，演员上台后，站在场面桌后手扶桌子演唱，不铺场，无做功表演。早期的伴奏乐器为一把三弦，后增加了四胡。20世纪50年代初，天津广播曲艺团率先对该曲种进行改革。在表演形式上，去掉了场面桌；演员伴随着乐队的前奏乐曲走上舞台；伴奏乐器除三弦和四胡外，增加了扬琴、琵琶、低音胡、笙和京胡。后来，天津时调的演出又去掉了京胡、琵琶，将低音胡改为大阮或大提琴，形成了较固定的三弦、四胡、扬琴、笙、大提琴（或大阮）五件乐器伴奏形式。20世纪50年代后期，天津时调增加了做功表演，逐渐建立了新的表演形式。

天津时调的唱腔由慢板（以"靠山调"为代表）和快板（以"数子"为代表）构成。慢板用4/4拍子记谱，眼起板落，旋律婉转，节奏舒缓，音域宽，适用于叙述、写景、介绍人物及抒发内心情感。快板用2/4拍子，顶板或闪板起唱。与慢板相比，快板字多腔少，旋律性不强，音域不宽，常用于叙事。

天津时调的曲调有在天津土生土长的"靠山调"（据传原系修鞋匠人休息时，背靠山墙自娱自乐唱的小调）、"鸳鸯调"（情歌）、"数子"和由外地传入但已经天津化了的"拉哈调""怯五更"等曲调。这些曲调虽风格各异，却有着共同的特征：多以天津方言演唱，同时在唱法上力求体现"悲、脆、媚""稳、准、狠"之要诀。

知识链接：王毓宝《军民鱼水情》

王毓宝（1926—2021），女，汉族，天津市人。2008年2月，王毓宝入选第二批国家级非物质文化遗产项目代表性传承人。王毓宝是"天津时调"的创始人之一，她与曲艺作家和弦师一起对"靠山调"进行了艺术革新，丰富了唱腔旋律，增添了笙、扬琴等伴奏乐器，创作和改编了《摔西瓜》等曲目。1953年，凭借新作《摔西瓜》，王毓宝一炮走红。从此，"天津时调"在中国曲艺史上翻开新的一页，"天津时调"这个曲种名称也被正式确定下来。与此同时，王毓宝形成了自己质朴、爽朗、甜润的风格，其代表作有《翻江倒海》《红岩颂》《军民鱼水情》《心中的赞歌向阳飞》等。2003年，王毓宝获得中国金唱片奖；2008年7月，王毓宝荣获曲艺最高奖——第六届中国曲艺牡丹奖终身成就奖。晚年的王毓宝致力于培养"天津时调"的接班人，广收学生。

《军民鱼水情》由马涤尘编曲、王毓宝演唱，主要运用了"靠山调"和"数子"的音乐素材，以宫调式为主，因为天津方言以平声为主，下句多落于角音"3"上，而非宫音"1"。

《军民鱼水情》讲述了驻扎在乡村的人民军队离开的时候，当地群众给战士送鞋的故事。全曲既有"数子"的说唱，也有"靠山调"的抒情歌唱，再加上念白，大大增加了作品的可听性和趣味性，是对传统曲艺改革比较成功的一个典范。

课后习题：

1. 请说说天津几种主要的曲艺形式。
2. 请谈谈天津时调的演唱特色。

3. 试着唱一唱天津民歌。

第三节　河北省

　　河北省，简称"冀"，省会为石家庄，其环抱首都北京，东与天津毗连并紧傍渤海，东南部、南部衔山东、河南两省，西倚太行山与山西为邻，西北部、北部与内蒙古交界，东北部与辽宁接壤。河北省作为华夏文明的重要发祥地，经过数千年的积淀，形成了丰富、独特的文化，成为名副其实的文化资源大省。河北省拥有长城、承德避暑山庄、清东陵和清西陵等世界文化遗产，拥有邯郸、保定、承德、正定等国家历史文化名城。

　　河北省的音乐丰富多彩，既有抒情、逗趣的小调，又有雄浑有力的吹打乐；既有与京、津两地相似的鼓词类曲艺和评剧等，又有独具特色的河北梆子。

一、河北民歌

（一）《小放牛》

　　《小放牛》是流行于河北省民间的歌舞小戏，同名民歌曾流传全国汉族地区，且常被融入戏曲音乐之中。黄梅戏、京剧、扬剧、二人转、淮剧等剧种都有根据《小放牛》改编的唱段。《小放牛》的旋律也曾被改编为笛子独奏曲，是笛子独奏家陆春龄等演奏的南方曲笛代表性曲目。

　　《小放牛》中有一段载歌载舞的男女对唱，描写了村姑向牧童问路，俏皮的牧童故意为难的对答情景。其由4个乐句组成，旋律明快流畅，音乐具有抒情的民歌色彩和浓郁的田园风格，表现了天真活泼的村姑与牧童相互诘问、对答的明快情绪。

景点导航：赵州桥

　　赵州桥横跨在河北省赵县内的洨河之上，是世界上著名的古代石拱桥，也是自造桥后一直使用到现在的最古老的石桥。它由总设计师李春等工匠建于隋朝，至今已有1 400多年的历史。赵州桥雄伟而壮阔，全长50.82米，两端宽9.6米，中部略窄，宽9米。赵州桥的设计符合科学原理，施工技术巧妙绝伦，被誉为人间奇迹。

小 放 牛

河北民歌

1=F 2/4

```
5 3 5 | 0 6 5 | 3. 5 6 1 | 5 3 2 | 5 3 5. 3 |
1.赵  州   桥  来  什 么 人   修?    玉   石
2.赵  州   桥  来  鲁 班 人   修,    玉   石

2 5 3 2 | 1 2 1 6 | 5.  6 | 1 6 1 |
栏  杆    什 么 人 留?    什 么 人
栏  杆    圣  人  留,     张 果 老

0 6 5 | 3. 5 6 1 | 5 3 2 ‖: 5 3 5. 3 |
骑 驴  桥  上   走?      什 么 人
骑 驴  桥  上   走,      柴 王 爷

2 5 3 2 | 1. 2 3 5 | 2 1 6 1 | 5 — :‖
推 车   轧 了一 趟 沟(么 一 呀 咳)?
推 车   轧 了一 趟 沟(么 一 呀 咳)。
```

——乔建中《中国经典民歌鉴赏指南:上》

(二)《小白菜》

《小白菜》属于河北民歌的小调体裁,在我国北方广为流传,是家喻户晓的传统优秀儿歌。

此歌为6节歌词的分节歌曲,曲式结构为一段体,五声徵调式。全曲只有12个小节,通过简朴而生动的歌词、级进下行带有哭泣性质的曲调,以及逐层下旋的旋律发展手法,深刻地表现了一个失去亲娘而受人虐待、孤苦无依的女孩的悲伤、痛苦的心情。

歌曲第一小节由连续下行的旋律组成,节奏先短后长,更接近哭泣的声调;第二小节是根据第一小节的音型自由模进发展而成的,在词曲的结合上,由前面的一字一音发展为一字二音,突出了委婉、凄怆的语气;第三、四小节也都是根据第一小节的连续下行自由模进发展而成的。旋律逐渐下行,一句比一句低沉,一句比一句情绪暗淡,使沉痛的感情逐步加深,悲惨的气氛越来越浓,特别是最后两小节句尾衬句,在音乐上起到了扩充的作用,仿佛是这个孩子对亲娘热切却无望的呼唤。本来第一次呼唤已经很低沉了,后一小节又将该旋律重复了一遍,并在第一拍的6

（la）之后加入了上方四度音 2（re），使呼唤显得更加悲苦、凄凉，同时使思念、悲伤的情绪得到了进一步的渲染，加强了歌曲凄凉、辛酸的情感，具有强烈的艺术感染力。

小 白 菜

1=A 5/4 4/4

河北 中部
汉　　族

慢　凄凉地

```
 5    3   3    2  -  | 5   5 3  3 2   1  -  | 1    3   2    6̣  - |
1.小   白  菜   （呀）   地   里  好  年   黄   （呀），  三    只   生    我
2.跟   着  爹   （呀）   地   里  三  绫   过   （呀），  两    只   只    端
3.娶   了  后   （呀）   地   里  绫  罗  半    （呀），  岁    爹   穿    我
4.弟   弟  穿   （呀）   衣   吃  我  谁  缎    （呀），  三    弟   起    上
5.弟   弟  亲   （呀）   面   我  想  喝  汤    （呀），  上    爹   起    来
6.亲   娘  想   （呀）   杏   花  落  道  知    （呀），  一    怕   想    娘
7.桃   花  开   （呀）       
```

```
 2   1    7̣ 6̣   5̣  - | 6̣   1̣ 6̣   5̣  - | 6̣   2    1̣ 6̣   5̣  - ‖
1.没   了  娘    （呀）。   亲  亲  娘    呀，    亲   亲    娘   呀！
2.娶   了  后    （呀）。   亲  亲  娘    呀，    亲   亲    娘   呀！
3.比   我  强    （呀）。   亲  亲  娘    呀，    亲   亲    娘   呀！
4.粗   布  衣    （呀）。   亲  亲  娘    呀，    亲   亲    娘   呀！
5.泪   汪  汪    （呀）。   亲  亲  娘    呀，    亲   亲    娘   呀！
6.在   梦  中    （呀）。   亲  亲  娘    呀，    亲   亲    娘   呀！
7.一   阵  哭    （呀）。   亲   娘    呀，       亲    娘    呀！
```

——乔建中《中国经典民歌鉴赏指南：上》

二、评剧

评剧流传于中国北方，是中国五大戏曲剧种之一。评剧于清末在河北滦县（今滦州市）一带的小曲"对口莲花落"基础上形成，先是在河北农村流行，后进入唐山，称"唐山落子"。评剧有东路、西路之分，以东路评剧为主。

评剧也称"蹦蹦戏"或"落子戏"，又有"平腔梆子戏""唐山落子""奉天落子""平戏""评戏"等称谓，但最终以"评剧"之名闻名全国。2006 年 5 月 20 日，评剧经国务院批准被列入第一批国家级非物质文化遗产名录。

评剧在 20 世纪 20 年代前后流行于东北地区。20 世纪 30 年代以后，评剧表演在京剧、河北梆子等剧种影响下日趋成熟，出现了李金顺、刘翠霞、白玉霜、喜彩莲、爱莲君等著名评剧演员。1950 年以后，《小女婿》《刘巧儿》《花为媒》《杨三姐告状》《秦香莲》等剧目在全国产生很大影响，出现新凤霞、小白玉霜、魏荣元等著名评剧演员。目前，评剧仍在华北、东北一带流行。

评剧唱腔是板腔体，有慢板、二六板、垛板和散板等多种板式。中华人民共和国成立后，评剧音乐、唱腔、表演的革新取得显著成就，特别是解决了男性角色的唱腔过于贫乏的弊病，使男性角色的唱腔有了新的发展。其表演虽吸收了河北梆子、京

剧的身段、程式，一度出现京剧化的倾向，但仍保持着活泼、自由、生活气息浓郁的特点。

善于表现现实生活是评剧的一个特点。辛亥革命后，成兆才依据当地的时事新闻创作和改编了《杨三姐告状》《黑猫告状》《枪毙骆龙》《枪毙骆虎》等作品，基本奠定了评剧以演现代剧目为主的特长。中华人民共和国成立后，评剧进入了新的繁荣发展时期，涌现出了一批受群众欢迎的现代戏，如《小女婿》《刘巧儿》《祥林嫂》《小二黑结婚》《金沙江畔》《夺印》《野火春风斗古城》；改革开放以后，评剧有了新的发展，又出现了《山里人家》《疙瘩屯》《黑头与四大名旦》《贫嘴张大民的幸福生活》等优秀现代剧目。

下面以《金沙江畔》为例，对评剧进行具体分析。

《金沙江畔》根据陈靖同名小说改编，描写了1936年中国工农红军北上抗日，长征途中渡过金沙江，进入藏族同胞聚居地，国民党为达到挑拨藏民与红军关系的目的，假扮红军掠走土司的女儿珠玛，红军由此遭到藏胞误解，被断粮断水，后经艰苦努力，戳穿阴谋，继续北上的故事。

《金沙江畔》是国庆十周年的献礼剧目，评剧"五大流派"的代表人物在此剧中有了首次同台且唯一一次合作的机会。在《金沙江畔》中，观众同时看到了新凤霞、小白玉霜、魏荣元、马泰、张德福五位艺术家的身影。除此之外，席宝昆、赵连喜、喜彩春、李梓森、陈少舫等名角也悉数登场，每个流派、每位艺术家都留下了广为传唱的经典唱段。

此后的四十多年间，不仅专业演员在各种演唱会上演唱，很多戏迷、票友也都能将其中的很多唱段信手拈来。如白派的"小酸枣""恨白匪""困难困难是困难"、新派的"格登太子""穿丛林""这几天"、马派的"高原风景""红军的激流"、魏派的"与珠玛打猎回"、张派的"叔父他血染荒山""见山路""仇贼说珠玛"等。

总而言之，评剧的艺术特点是以唱工见长，吐字清楚，唱词浅显易懂，演唱明白如诉，表演生活气息浓厚，有亲切的民间味道。它的形式活泼、自由，最善于表现当代人民生活，因此在城市和乡村都有大量观众。

知识链接：新凤霞

新凤霞（1927年1月26日—1998年4月12日），原名杨淑敏，小名杨小凤，天津人，祖籍江苏苏州，是著名的评剧表演艺术家、评剧新派创始人，曾饰演青衣、花旦。新派艺术在众多的评剧流派中独树一帜，是评剧革新的代表。她的代表剧目有《花为媒》《刘巧儿》《乾坤带》《金沙江畔》《无双传》《杨乃武与小白菜》《杨三姐告状》等。

课后习题：

1. 学唱一首河北民歌，并谈谈感受。
2. 说说评剧的艺术特点。

3.评剧的代表人物有哪些?

第四节 山西省

山西省,简称"晋",省会为太原,东与河北为邻,西与陕西相望,南与河南接壤,北与内蒙古毗连,是中华民族的发祥地之一,有文字记载的历史达3 000年,被誉为"华夏文明的摇篮",素有"中国古代文化博物馆"之称。

山西省有"山曲""开花调"等传统民歌,在晋南流传着雄浑刚劲的威风锣鼓,演奏起来充满着阳刚之气与民族豪情。山西还是中国戏曲艺术的发祥地之一,被称为"戏曲摇篮"。

一、山西民歌

(一)《人说山西好风光》

《人说山西好风光》是张棣昌谱曲、乔羽作词、郭兰英演唱的一首山西民歌。它创作于1959年,本来是电影《我们村里的年轻人》的插曲,20世纪60年代唱响大江南北,成为中国民歌的经典之作,把山西民歌创作推向了一个新高度。

《人说山西好风光》的歌词采用了二段式写法。第一段是写景,首先概括,"人说山西好风光,地肥水美五谷香";其次是远景,"左手一指太行山,右手一指是吕梁";再次由远及近,"站在那高处望上一望,你看那汾河的水呀";最后是特写,"哗啦啦地流过我的小村旁"。这部分指点江山,意境开阔,颇有盛唐之风。第二段是写人,"杏花村里开杏花,儿女正当好年华。男儿不怕千般苦,女儿能绣万种花。人有那志气永不老,你看那白发的婆婆,挺起了腰板也像十七八",这部分豪情万丈。从《人说山西好风光》的歌词看,其主题深刻、集中,形象可歌、可唱,情感真实,语言凝练、通俗。它采用了我国古典诗词和民间文学的"七言""五言"格律,去除了一些地方话中习惯用的垫字、衬字,无论唱还是诵,都很顺畅,是一首绝佳之作。

《人说山西好风光》的作曲是对"越是民族的,越是世界的"这一观点的有力证明。如今,这首民歌依然充满了活力。很多采用民族唱法的歌手都把此首民歌作为保留曲目。一提起山西,大部分人第一个想起的民歌依然是《人说山西好风光》。

知识链接:乔羽、张棣昌

乔羽是著名的词作家,在中国有"词坛泰斗"之称。乔羽的创作与时代同步,20世纪50年代,他创作了《我的祖国》《人说山西好风光》《让我们荡起双桨》;20世纪80年代以后,他创作了《难忘今宵》《思念》《夕阳红》《爱我中华》《祖国颂》等。由于他的歌词表达了新时期中国人民的心声,因而他的作品广泛流传,成为人们传唱的经典之作。

张棨昌是中国著名的电影作曲家，他曾担任长春电影制片厂艺术委员会副主任、中国音乐家协会常务理事、中国电影家协会理事等，代表作有《八路军留守兵团歌》等。他还曾经为《赵一曼》《党的女儿》《丰收》《甲午风云》等影片作曲。他所谱写的电影歌曲具有浓郁的生活气息、时代特色和鲜明的地方色彩。

（二）《桃花红 杏花白》

《桃花红 杏花白》是山西左权开花调的代表作品之一。左权民歌形成于隋代，分为大腔、杂曲、小调三种形式。20世纪30年代，从小调中派生出了一种独特的山歌艺术形式，因为唱词常以"开花"为比兴，所以称为"开花调"。左权开花调构思精巧，歌词新颖，衬词衬句凸显了浓厚的地方色彩，感染力很强。2006年，山西省左权县申报的左权开花调经国务院批准被列入第一批国家级非物质文化遗产名录。

在《桃花红 杏花白》的歌词里面，除了有充满想象的"开花"的比喻外，还运用了许多方言衬词，显得亲切自然、真挚朴实。这种用方言衬词演唱的效果很好，增强了歌曲的艺术表现力和感染力，突出了歌曲的韵味。

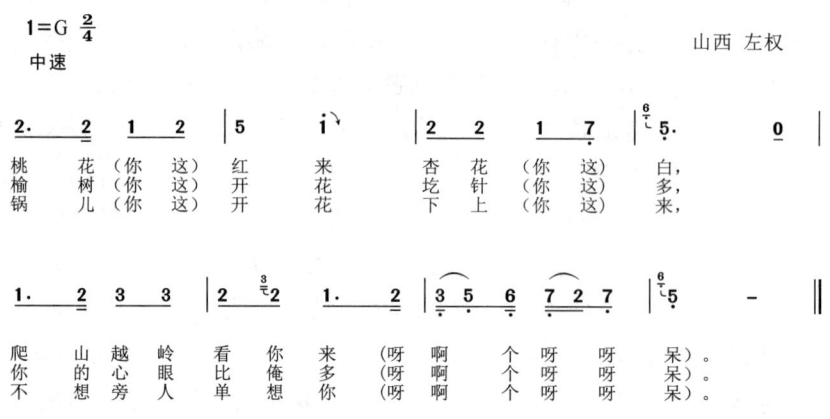

——乔建中《中国经典民歌鉴赏指南：上》

知识链接：《又见平遥》大型实景演艺

《又见平遥》大型实景演艺是"又见系列"在中国北方地区的第一个项目，是山西省在"十二五"期间的重要旅游发展项目之一。《又见平遥》讲述了一个关于血脉传承的故事，整个演出通过"选妻""镖师洗浴""灵魂回家""面秀"等片段，表现了平遥人的道德传统，以及因这种道德传统而引发的悲壮情怀。

情境体验剧《又见平遥》的剧场内部有着繁复和奇特的空间分割，清末的平遥城，镖局、赵家大院、街市、南门广场等都可以从纷繁的碎片中窥视。该剧场完全不同于传统剧场的是，没有前厅，没有主入场口，没有观众席，没有传统舞台。观众从不同的门进入剧场，在90分钟的时间里，步行穿过几个不同形态的主题空间。表演者更是深入观众中间，在观剧人群中穿梭，甚至与观众对话，让观众有机会一起互动。

二、晋剧

晋剧，又名山西梆子，山西四大梆子剧种之一。其因产生于山西中部，故又称为"中路梆子"，也称为"中戏"，外省称之为"山西路梆子"，主要流行于山西中部、北部及陕西、内蒙古和河北的部分地区。2006年5月20日，晋剧经国务院批准被列入第一批国家级非物质文化遗产名录。

晋剧的唱腔为板腔体结构，分为三类："乱弹""腔儿""曲子"。"乱弹"是晋剧的主要唱腔，共有七种板式：平板、夹板、二性、流水、介板、滚白、（倒板）导板。"腔儿"是指晋剧中的各种花腔，一般不单独使用，而是依附在各种板式的"乱弹"中。"腔儿"有"五花腔""三花腔""走马腔""二指腔""十三咳""导板腔"等。"曲子"是指所唱的昆曲和地方小曲。晋剧的伴奏以硬木梆子击节，以呼胡（又名"晋胡"，俗称"胡芦子"）为主奏乐器，加上二弦、三弦、四弦等。

从调性上说，晋剧多为徵调式。它的旋律婉转、流畅，曲调柔美、圆润、亲切，道白清晰，具有浓郁的乡土气息和独特风格。晋剧的唱腔不仅具有梆子腔激越、粗犷的一般特点，还具有圆润的音乐风格，因而既能表现历史故事，又能表现民间生活。这种粗犷与细腻巧妙结合的艺术形式是晋剧赢得众多观众喜爱的因素之一。

民国二十四年（1935年），以著名女艺人丁果仙为首的步云剧社和以盖天红为首的唐风剧社分赴北京、天津、上海等地演出，大大地扩大了山西梆子的影响力。20世纪80年代，政府号召振兴晋剧，各级剧团相继调整了班子，充实了演员，添置了行头，整理了旧戏，赶排了新戏，有的还将晋剧表演与当时流行的轻音乐等文艺形式结合起来，取得了较好的演出效果。同时，这一时期涌现出了宋转转、史佳花、崔建华、李天喜、王晓萍、王二庆、栗桂莲、孙红丽等艺术新秀。

晋剧常见的传统剧目有《六月雪》《凤仪亭》《金沙滩》《上天台》《白蛇传》《铁弓缘》《百子图》《法门寺》等，共200余本、回、出。广为熟知的剧目有《打金枝》《辕门斩子》《卖画劈门》《游西湖》《风雨行宫》《算粮》《见皇姑》《樊梨花》《徐策跑城》《芦花》《程婴救孤》（又名《赵氏孤儿》）等。

晋剧十分注意运用二人以上的对唱、轮唱手段发挥其唱腔的艺术特色。如通过大花脸、须生正旦的轮唱，追述以往故事，交流当前感情。轮唱中多用适合叙事的二性板，旋律舒展，男声方落，女声又起，交替歌唱，别有韵味。

知识链接：晋剧《打金枝》

《打金枝》又名《满床笏》，久演不衰。唐朝，唐代宗将爱女升平公主许配给汾阳王郭子仪六子郭暧为妻。汾阳王花甲寿辰之时，众子女成双配对前往拜寿，唯独升平公主恃贵不往，郭暧羞耻汗颜，回宫怒打公主。公主向父母哭诉委屈，逼求父王治罪郭暧。郭子仪绑子上殿请罪，唐皇明事理，顾大局，非但不怨，反而加封郭暧。皇后劝婿责女，使小夫妻和好如初。该剧的剧情曲折生动，宫廷矛盾"平民化"处理，具有深邃的哲理与情趣。

景点导航：太行山

太行山又名五行山、王母山、女娲山，是中国东部地区的重要山脉和地理分界线。太行山以西为黄土高原，以东为黄淮海平原，从北向南有小五台山、太白山、白石山、狼牙山等山峰。

太行山脉位于山西省与华北平原之间，纵跨北京、河北、山西、河南4个省、市，山脉北起北京市西山，向南延伸至河南与山西交界地区的王屋山，西接山西高原，东临华北平原，呈东北—西南走向，绵延400余千米。

抗日战争时期，河北、山西的八路军一二九师在刘伯承、邓小平的领导和指挥下，创建了太行区。发轫于太行山的游击战迅速发展到西起同蒲铁路、汾河，东至渤海，南靠黄河，北沿正太、沧石路的广大地区，先后形成许多重要战略区。

课后习题：

1. 山西省的民歌非常丰富，请学唱其中一首。
2. 说说晋剧的特点和经典剧目。
3. 谈谈你对山西民歌、晋剧的欣赏感受。

第五节　内蒙古自治区

内蒙古自治区，简称"内蒙古"，省会为呼和浩特，东北部与黑龙江、吉林、辽宁、河北交界，南部与山西、陕西、宁夏相邻，西南部与甘肃毗连，北部与俄罗斯、蒙古国接壤。

内蒙古不仅有丰富的旅游资源，如呼伦贝尔大草原、腾格里沙漠、呼伦湖等，还有丰富的音乐资源，如蒙古族民歌、马头琴音乐等。

一、蒙古族民歌

（一）蒙古族长调

长调的意思是长歌，它是蒙古族民歌的一种形式，主要流传于内蒙古自治区，被誉为"草原音乐活化石"。蒙古族长调具有鲜明的游牧文化和地域文化特征，它的旋律悠长舒缓、意境开阔。其根据内容可分为不同类型：有赞美家乡、英雄人物的，多在大型公共场所进行歌唱表演的赞歌；有表达思念之情、用于青年男女之间求爱婚嫁的情歌；有歌唱草原、感恩生活、以牛羊骏马为歌唱对象的牧歌；有具有浓厚说唱意味、用歌唱来讲述故事的叙事曲；等等。哪里有草原，哪里就有长调；哪里有牧民，哪里就有长调。长调是草原上的歌，是马背上的歌，是游牧文化中一朵永不凋零的花朵。

长调的代表曲目有《走马》《小黄马》《辽阔的草原》等。长调的音乐特点是曲调高亢，音域宽广，旋律起伏较大，节奏自由而悠长，既适合叙事，又善于抒情。歌词多以两行为一段，在不同的韵步上反复叠唱，词曲结合则"腔多字少"，常用甩腔和华彩性拖腔，以各种装饰音来点缀旋律。蒙古族长调的"长"从歌唱的角度来看，也是指唱段的悠长。因此，歌手要对呼吸有很好的把控，在气息运用通达且充足的情况下，把长调歌曲唱好。

以《辽阔的草原》为例，它属于蒙古族长调，采用长调中比较常见的羽调式，运用极具特色的八度下行跳进的音程和长调中最典型的装饰音，表现辽阔的草原景色，表达对家乡的热爱和赞美之情，其中也对心上人的思念和爱慕。另外，《辽阔的草原》是典型的上下结构，一共有四个乐句，旋律上行，达到顶点以后又逐渐回落，体现出了草原民歌结构简单、易于传播的特点。

辽阔的草原

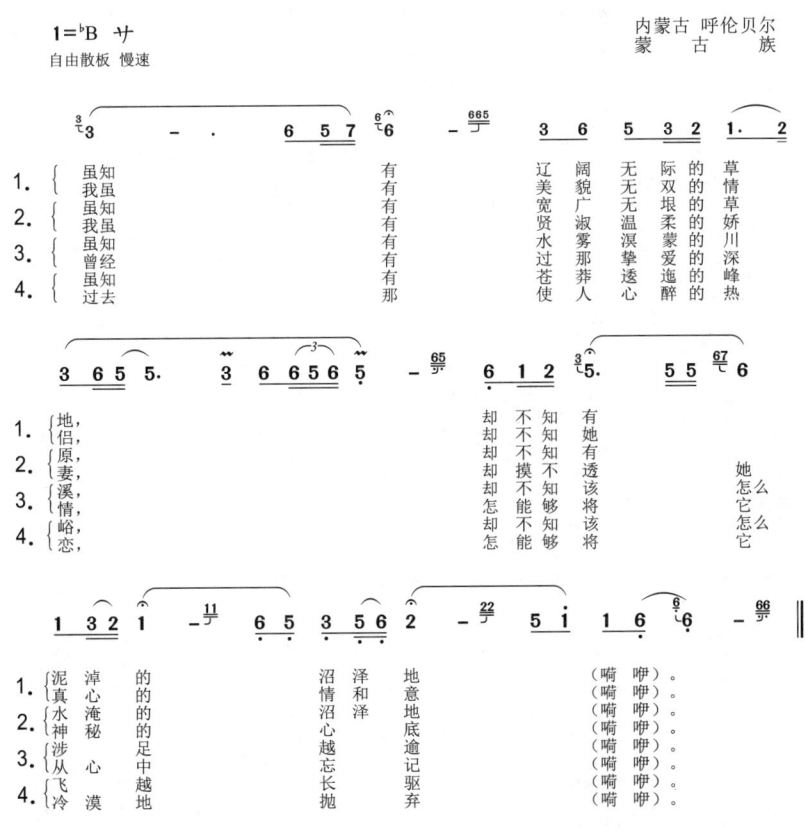

——乔建中《中国经典民歌鉴赏指南：下》

知识链接：诺古拉

蒙古族歌手善于运用具有地域特色的颤音来使歌曲表现出更强的抒情意味，这种颤音技巧被称为"诺古拉"。其跨度较小，音符时值较短。当气息通过声带的时候，歌手利用咽腔的数次闭合来形成波浪式的歌声，可以对旋律起到很好的装饰作用。由于蒙古族长调一般为散板，所以这种颤音不一定是以规律的振动方式表现出来的，需要歌手依靠自己对歌曲的理解进行展示。

（二）蒙古族短调

蒙古族短调的曲调简洁，装饰音较少，旋律起伏不大，节奏规范，带有鲜明的叙事性特征。蒙古族短调多采用单一节拍，曲式多为对称的方整性结构。歌词多为四句一段，形成分节歌形式，在不同音韵上反复叠唱。短调的代表性歌曲有《森吉德玛》《嘎达梅林》《黑缎子坎肩》等。

以《森吉德玛》为例，它通过一系列生动的比喻描绘了森吉德玛的美貌，也突出表现了一位青年男子对森吉德玛坚贞不渝的爱情。

森 吉 德 玛

1=A 4/4

蒙古族

1. 从那弦子一端生出美妙的乐曲（嗬嗬咿），从你的内心里倾吐出温存细语（嗬嗬咿）想起了了你的聪明智慧，嗬嗬咿森吉德玛，纵然提着黄金的水桶何处寻觅。（啊嗬）真叫人痛苦，森吉德玛。
2. 长得比那孔雀的羽毛还要美丽（嗬嗬咿），生得比那东海的水还要清澈（嗬嗬咿）想如果能想起生，人世上的获得再聪明才智，嗬嗬咿森吉德玛，但愿我们能在一起自由生活。（啊嗬）真叫人痛苦，森吉德玛。
3. 长得比那桂花还要鲜艳（嗬嗬咿），生得比那碧海的水还要清秀（嗬嗬咿）想想起在了你的聪慧灵巧，嗬嗬咿森吉德玛，就是从今盼到衰老也毫不怨尤。（啊嗬）真叫人痛苦，森吉德玛。
4. 长得比那檀香树还要窈窕，生得比那潺潺流水还要清亮（嗬嗬咿）想起了你的聪慧灵巧，嗬嗬咿森吉德玛，就是从今生不能相聚来世也要同双。（啊嗬）真叫人痛苦，森吉德玛。

——周耘《中国传统民歌艺术》

传说很早以前，有一位聪明、美丽的蒙古族姑娘（森吉德玛）爱上了一位勤劳的青年男子。但他们的爱情受到阻挠，森吉德玛被迫嫁入财主家。青年男子日夜思念，常常远道而来，在森吉德玛的屋旁留恋徘徊，但两人无法相见。有一天，他们终于冲破重重障碍相见了，但森吉德玛不幸昏死。相传《森吉德玛》这首民歌就是这个青年男子所编。他在回家途中边走边唱，把歌词写在道旁和旅店的墙壁上。失去心爱的人，他悲恸欲绝，最后跳崖殉情。

　　全曲以从容徐缓的马蹄声般的节奏为背景，旋律时而高亢激昂，好似青年男子在高声呼唤；时而凄恻柔婉，犹如低声的泣诉。最后以副歌式的、具有概括性的附加式曲尾衬腔结束，不仅突出了青年男子对森吉德玛的思念，更加深了音乐的孤独凄凉感。

　　《森吉德玛》的音乐同其他蒙古族民歌一样，主要建立在五声音阶的基础上。《森吉德玛》采用五声音阶宫调式，"7"音只是偶然出现的经过音。旋律起伏很大，情感富于变化。这种旋律适合表现辽阔、舒畅、奔放的音乐形象和蒙古族人民豪爽的性格。作曲家贺绿汀曾将《森吉德玛》这首蒙古族民歌改编为管弦乐曲，十分细腻地塑造了纯洁、美丽的森吉德玛的形象，同时很好地展现了对感情忠贞的青年男子的内心世界。

知识链接：呼麦

　　呼麦是指一个歌手纯粹用自己的发声器官，在同一时间里唱出两个及以上声部。它传达着蒙古族人民对自然宇宙和世界万物深层的哲学思考和体悟，表达了蒙古族追求和谐生存发展的理念和健康向上的审美情趣。

二、马头琴音乐

　　马头琴是内蒙古民间拉弦乐器，是蒙古族音乐的象征。其因琴首为马头标志，故名"马头琴"。由于流传地区不同，马头琴的名称、造型、音色和演奏方法也不尽相同。在内蒙古西部的巴彦淖尔、鄂尔多斯、乌兰察布和锡林郭勒盟，马头琴称作"莫林胡兀尔"；在东北部的呼伦贝尔、通辽和赤峰等地，马头琴则叫作"潮尔"，蒙古语为"绰尔"。

　　马头琴的琴身为木制，长约1米，由共鸣箱、琴杆、琴头、弦轴、马子、琴弦和弓子等部分组成，有两根弦。其中，共鸣箱呈梯形，声音圆润，低回婉转。传统的马头琴音量较小，只适合在蒙古包和室内演奏。经过改造以后，马头琴的艺术造型更加完美，音量和音域显著扩大，马头琴已适合在舞台或室外演奏。

　　马头琴演奏一般采用坐姿，将琴箱夹于两腿中间，琴杆偏向左侧。左手虎口稍张开，拇指轻轻扶住琴杆。按弦的方式有两种：一种与其他弦乐器相似，但是用手指二、三关节按弦；另一种是把手指伸到琴弦与琴杆之间，用指甲盖顶弦。右手持弓，以虎口夹住弓柄，食指、中指放在弓杆上，无名指和小指控制弓毛。运弓时，弓毛和琴弦要保持直角状态。

　　马头琴最擅长演奏柔和细腻的抒情曲调，同时具有深沉粗犷、激昂悠扬的特点，体现了蒙古族的生产生活特色。除作为独奏乐器外，马头琴还常用于说唱、民歌和舞蹈伴奏或器乐合奏。2006年5月20日，蒙古族马头琴音乐经国务院批准被列入第一批国家级非物质文化遗产名录。

马头琴的优秀改编乐曲很多，这些乐曲富于草原特色，多是描绘自然风光或歌唱马的曲目，如《朱色烈》《凉爽的杭盖》《四季》《苏和的小白马》等。其中，《朱色烈》是根据同名民歌改编的，"朱色烈"是山峰的名字，乐曲用它来比喻男女爱情的坚贞；《凉爽的杭盖》是描写水草丰美的山林和牧场的夏日风光；《四季》是根据同名民歌改编的，旋律悠扬流畅，描绘了锡林郭勒草原一年四季自然景色的变化，表达了牧民对家乡的热爱；《苏和的小白马》是根据内蒙古民间故事《马头琴》改编的，描绘了苏和与小白马朝夕相处的故事，表现了牧民与马之间的深厚情感。

赞颂新时代、新生活的优秀创编马头琴乐曲有巴依尔的《朝霞》《牧场之春》、布林的《欢乐的草原》《叙事曲》《美丽的戈壁高原》《怀念》、达日玛的《草原新歌》《新春》、齐·宝力高的《草原赞歌》《草原连着北京》《万马奔腾》《在鄂尔多斯草原》《蒙古胡琴赞》和辛沪光的马头琴协奏曲《草原音诗》等。

相关故事：马头琴的传说

牧民苏和养了一匹神骏的白马，并夺得了赛马大会的第一名。但贪婪的王爷抢占了白马，并让手下把苏和打成了重伤。而白马根本不让王爷骑，它将王爷甩落马背，企图逃走，却被追赶它的王爷派来的打手射中，浑身是箭，最后死在苏和的怀抱中。它托梦给伤心的苏和，让他用自己的筋骨和毛发做了一把琴，这把琴就叫马头琴。

景点导航：内蒙古草原

内蒙古高原东起大兴安岭和苏克斜鲁山，西至甘肃省河西走廊西北端的马鬃山，南沿长城，北接蒙古国，海拔1 000多米，地势起伏微缓，有明显的季相变化，适宜禾本科、菊科的生长，因此造就了广袤无垠的内蒙古草原。西汉时，汉武帝曾在此筑城以屯田、养马，作为防御和进攻匈奴的基地。

课后习题：

1. 请简要说说什么是蒙古族长调和蒙古族短调。
2. 试着模仿蒙古族长调的"诺古拉"唱法。
3. 简要描述马头琴的构造和音色特点。

第二章　东北地区

东北地区包括黑龙江、吉林、辽宁及内蒙古东部的三市一盟（赤峰市、通辽市、呼伦贝尔市和兴安盟），分布着满族、蒙古族、朝鲜族、赫哲族、鄂伦春族、鄂温克族等少数民族。在这里，多民族共同创造了具有鲜明地方文化特色的音乐文化。俗语说"一方水土养一方人""一方水土养一方音乐"，东北地区的民族民间音乐与其地域文化一脉相承，地域、语言、生活习惯等造就了东北地区音乐雄健豪放、刚柔相济、朴实自然的独特风格。

第一节 辽宁省

辽宁省，简称"辽"，省会为沈阳，南濒黄海、渤海，西南与河北接壤，西北与内蒙古毗连，东北与吉林为邻，东南以鸭绿江为界与朝鲜隔江相望。在辽宁这片辽阔富饶的土地上，世代居住着满族、回族、蒙古族、鄂伦春族等少数民族。在长期的历史发展中，在多民族融合的文化背景下，辽宁地区积累了丰厚的音乐文化资源，如民歌、歌舞、说唱音乐、戏曲音乐、民族器乐等。这些音乐大多以朴素质朴的音乐语言贴近生活、以欢快明朗的旋律表现生活、以丰富多样的节奏形式体现韵律、以活泼大方的音乐表演风格显现地域特色，具有较强的艺术表现力。

一、东北二人转

二人转是我国曲艺百花园中的一朵奇葩，是东北特有的民间表演艺术形式，根植于中国东北民间文化，具有浓郁的地方特色。二人转在东北地区人民群众中有着不可动摇的地位，在东北流传着一句"宁舍一顿饭，不舍二人转"的俗语，可见人们对二人转的喜爱程度。二人转的故事取材于民间，贴近人民的日常生活，道理通俗易懂，寓意深入浅出，有着寓教于乐的教育功能，深受当地老百姓的喜爱。

二人转据说在清乾隆年间产生，至今已有300余年的历史。东北二人转，亦称"蹦蹦"，最初的二人转是由白天扭秧歌的艺人在晚间演唱东北民歌小调（俗称"小秧歌"）而形成的。后来，随着长期以来各地文化的交流，二人转的内涵被大大丰富了。它在原来的东北秧歌、东北民歌的基础上，又吸收了莲花落、东北大鼓、太平鼓、霸王鞭、河北梆子、驴皮影以及民间笑话等多种艺术形式逐渐演变而成，表演形式与唱腔非常丰富。东北二人转属于中国走唱类曲艺曲种，流行于辽宁、吉林、黑龙江、内蒙古东部的三市一盟和河北省东北部等地区。2006年，东北二人转经国务院批准被列入第一批国家级非物质文化遗产名录。

　　从字面意思来理解，二人转就是两个人的表演，但是二人转不止两个人转，而是一树多枝，一类唱腔却有很多演出形式，大体上可以分为"单、双、群、戏"四类。"单"指的是"单出头"，一个人一台戏，一个人演多个角色或者演一个角色（独角戏），难度较大，需要演员有很扎实的功底；"双"指的是"双玩艺"，两个人演多个角色，叙事兼代言，跳出跳入，载歌载舞；"群"现在指群唱、坐唱或群舞；"戏"指的是"拉场戏"，拉场戏是二人转的分支艺术，俗称"小落子""拉场玩艺儿""蹦蹦戏"，又叫秧歌戏、人物戏和东北地方戏，是用二人转曲调演唱的民间小戏。

　　东北二人转体现了东北劳动人民对艺术美的追求，其唱腔高亢粗犷，唱词诙谐风趣，富有生活气息。东北二人转以唱为主，表演讲究唱、说、做、舞四功的综合运用。其中，唱功讲究"字儿、句儿、味儿、板儿、腔儿、劲儿"，亲切动听；说功分"说口""成口"（亦称"套口"）和"零口"，丑逗旦捧，多用韵白，也有说白和数板，语言风趣幽默；做功（亦称"扮功"）讲究以身段和动作辅助演唱，强调手、眼、身、法、步等的综合运用；舞功以跳东北大秧歌舞为主，也吸收其他民间舞蹈和武术的成分，并有耍扇子、耍手绢、打手玉子、打大竹板等杂技性的绝活穿插其间，舞台气氛十分热闹。

　　《小拜年》是二人转小帽的代表曲目之一，其朗朗上口的唱词、欢快的曲调、活泼的表演形式深受观众的喜爱。生长在东北大地上的人们热辣豪爽的性格都通过热情洋溢的《小拜年》挥洒出来了。

　　《小拜年》的旋律以音阶级进为主，旋律音多跳进，在级进的进行中穿插了五度、七度、八度的大跳，产生波状旋律线，形成一种起伏、多样但又统一的旋律进行。旋律的装饰性很强，乐句、乐段之间的衔接很自然，富有逻辑性。全曲在保持东北二人转传统音乐特点的同时融入了河北莲花落的音乐特性，发展至今又逐渐融入了现代音乐的特征，极富感染力和艺术性。

　　知识链接：二人转小帽

　　二人转小帽，即二人转唱正戏前加演的民间小调，其唱腔源于东北民间小调，特点是边舞边唱、载歌载舞。二人转演员上台通常不会马上演正戏，而是先唱一段"小帽儿"，溜溜嗓子、热热身，为正式演出制造气氛，也为接下来的表演做铺垫。

　　景点导航：沈阳刘老根大舞台

　　2003年4月，辽宁民间艺术团成立。不久，在沈阳创建"刘老根大舞台"剧场。当时的策划主旨是，以沈阳为基地，建立"绿色二人转"的大本营。截至2007年4月，"刘老根大舞台"剧场已增加到6家。2008年春天，位于沈阳中街的"刘老根大舞台"翻新建成大剧场。2009年，公司在沈阳、长春、天津、哈尔滨、北京等城市开办了8家连锁剧场，一年四季一票难求。现在，"刘老根大舞台"剧场已经成为沈阳的一张旅游名片。

小 拜 年

(拜年调)

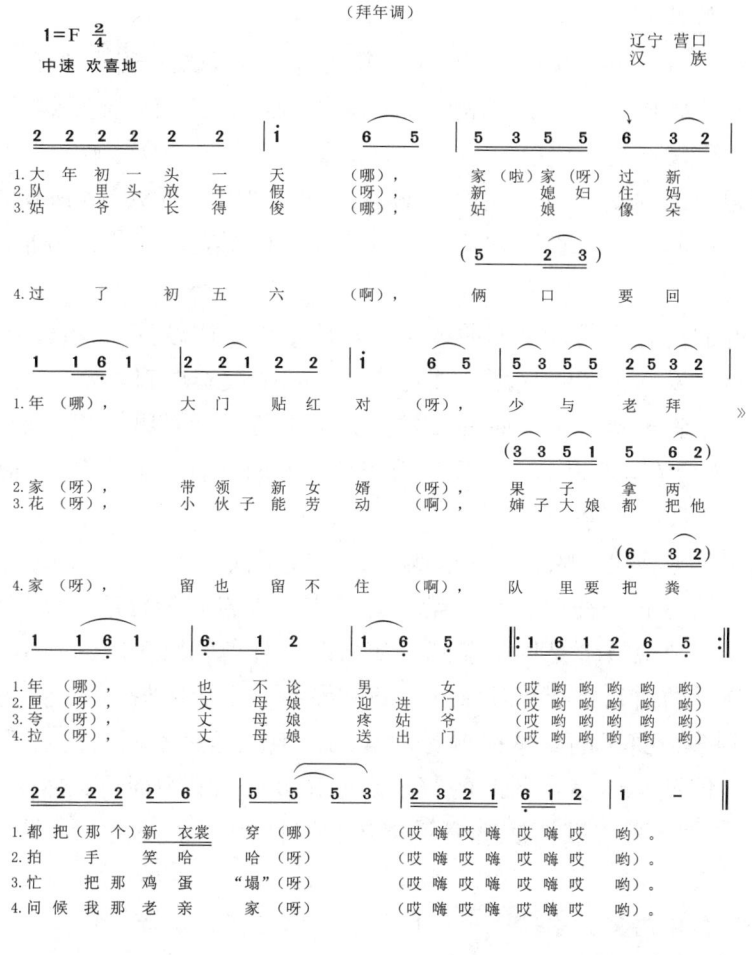

——乔建中《中国经典民歌鉴赏指南：上》

二、辽宁鼓乐

辽宁鼓乐是流行于我国辽宁省的传统音乐，历史悠久，发展成熟，风格独特。2006年5月20日，辽宁鼓乐经国务院批准被列入第一批国家级非物质文化遗产名录。

辽宁鼓乐主要有唢呐乐和笙管乐两种演奏形式，这两种演奏形式独立存在，使用乐器不同，专用乐曲各异。唢呐乐以唢呐为主奏乐器，兼备堂鼓、小拨、乐子（铪）、包锣、大号等，其演奏形式有坐乐、行乐两种。坐乐又称"坐堂""坐棚"，艺人采用坐式演奏方式，演奏时所有乐器全部参与，故亦称"全堂"。坐乐还有大笙喇叭、小笙喇叭、咔戏、哑戏等演奏形式，乐器组合不同，演奏内容不同。唢呐坐乐有"红事""白事"之分：前者在婚娶做寿、婴儿满月酒时演奏，后者用于丧葬等场合。除坐乐形式外，为满足迎亲、拜庄、送葬等传统民俗活动中有鼓乐跟随的需要，又出现了行乐，但所使用的乐器不多，而且多为轻便乐器。

辽宁鼓乐中的笙管乐以管（单管或双管）和笙为主奏乐器，通常是一支管配两支笙，还有堂鼓、小钹、乐子各一支，亦可加用笛子、胡琴、坠琴、扬琴等。坐乐也是笙管乐主要的演奏形式。

从风格特点、演奏曲目和使用乐器等方面看，辽宁鼓乐可分为辽南、辽西、辽东、沈阳、辽北、朝阳六个地方风格流派。每个流派的曲目、曲子结构都不太一样，比如，辽南的鼓乐发展较为成熟，曲目丰富，其中汉曲最具代表性；辽西则以大牌子曲为代表；沈阳地区的唢呐与其他地区不同，使用"黑杆喇叭"，多用铁力木、乌木等质地坚硬的木料制作，唢呐管体呈乌黑色，其音色明亮、清脆，音量颇大，演奏起来很有气势。

辽宁鼓乐的曲目有元明以来的曲牌子、戏曲唱腔、民歌等。在演奏中，乐手常在乐曲的结尾处自由发挥，情绪热烈，技巧性强。各地演奏曲目丰富，大致有唢呐乐汉曲、大牌子曲、小牌子曲、锣板曲等几类。其中保留了大量唐、宋、元、明时期的古代乐曲，如《四破》《柳青娘》等。辽宁鼓乐代表性曲目有《工尺上》《梅花调》《上菜曲》《句句双》《桂枝花》等。

辽宁鼓乐在全国独树一帜。一是唢呐大，一般用杆长43厘米以上的大唢呐，基本是中音和低音，吹奏起来浑厚、有力量。海城市、岫岩满族自治县使用的是53～56厘米的大唢呐，其他地方都是用小唢呐，如名曲《百鸟朝凤》用的就是小唢呐。二是曲目绝，辽宁鼓乐的曲目，特别是汉曲，几乎没有一个地区与之同名。三是辽宁鼓乐的变奏手法特别多，曲子的基本曲调是一样的，但是通过不同的变奏手法，如加花、填字、减字等，能演奏出多种形式的音乐。四是辽宁鼓乐的曲子结构严谨，多少拍、多少板都是固定的，两人搭档演奏时不能出错，因为一个人错了，另一个人没法跟着吹。

辽宁鼓乐现存乐谱多为手抄工尺谱传本。乐谱音名，是合、四、一、上、尺、工、凡、六、五、乙 10 个汉字，相当于 sol、la、si、do、re、mi、fa、sol、la、si。乐谱是用毛笔从左向右竖式记写。板眼与音乐符号比较简练，多标记在乐谱的右侧，也有记在乐谱中间的。辽宁鼓乐沿用我国传统的宫调记谱体系。固定调记谱（唱法）法与乐器的音位、指法是相对应的。按宫调记谱法原则，凡是本（宫）调系统的乐曲，不论调怎样转换或交替，其音位和音名都要按宫调的性质及其亲疏关系记写。但是，为了便于演奏（唱）和简化乐谱因转调后出现的变音（升降音符号）的记写，演奏者也采用首调唱名法。这时，通常在原曲曲名前标明原调和新调之间的调关系。

知识链接：工尺谱

工尺谱是中国汉族传统记谱法之一，因用工、尺等字记写唱名而得名。其历史悠久，可追溯至中国唐朝时期，后传至日本、越南等汉字文化圈地区，属于文字谱的一种。工尺谱最初可能由管乐器的指法符号演化而成，由于它流传的时期、地区、乐种不同，因而其所用音字、字体、宫音位置、唱名法等各有差异。近代常见的工尺谱一般用合、四、一、上、尺、工、凡、六、五、乙等字样作为表示音高（也是唱名）的基本符号，可相当于 sol、la、si、do、re、mi、fa（或升 fa）、sol、la、si。同音名高八度，则可将表示同音名的字的末笔向上挑，或加偏旁"亻"；同音名低八度，则可将表示同音名的字的末笔向下撇。若高两个八度，则末笔双挑或加偏旁"亻"；若低两个八度，则末笔双撇。

课后习题：

1. 二人转糅合了哪些艺术形式？有什么艺术特点？
2. 二人转的表演具有哪些艺术特点和要求？
3. 辽宁鼓乐的两种演奏形式有何异同？

第二节　吉林省

吉林省，简称"吉"，省会为长春，地处东北地区中部，与辽宁、内蒙古、黑龙江相连，并与俄罗斯、朝鲜接壤。吉林省东枕长白山临海，中居东北平原，西连内蒙古科尔沁草原，松花江自东南向西北贯穿其间。

吉林省历史文化源远流长，传统音乐文化遗产极其丰富。这些传统音乐文化凝结着生生不息的民族文化血脉，蕴含着各民族的智慧与文明，极大地丰富了当地人民群众的业余文化生活，促进了人民群众的精神文化建设。吉林省还是我国朝鲜族的主要聚居地，也是满族、锡伯族的发祥地之一。在辉煌灿烂的中华民族文化百花园中，吉林省少数民族文化犹如迎风绽放的金达莱花一般，散发着迷人的芬芳，吸引着众人的目光。

一、朝鲜族歌曲

朝鲜族是个能歌善舞的民族，人们喜欢用歌舞来表达内心的情感。朝鲜族将其民间歌曲称为歌谣，歌谣按体裁可分为劳动歌谣、抒情歌谣及其他歌谣（如风俗歌谣、童谣、讽刺歌谣等）。朝鲜族歌谣多数以五声音阶为主，经常有同音高反复出现的情况，节拍以三拍为主，节奏根据朝鲜语的重音选择前长后短或前短后长；旋律多以歌曲调式的中心音为轴心，纵向呈螺旋式升降，中心音的音程下行二度级进，上行四度跳进。其中，劳动歌谣和抒情歌谣流传最广，歌曲数量也是最多的，这些歌谣体现了朝鲜族音乐的基本特征。

（一）劳动歌谣

劳动歌谣是朝鲜族人民在进行各种生产劳动过程中即兴演唱的歌谣，是人民劳动中的情感体现。劳动歌谣可以按照不同的劳动种类加以区分，如与农田劳动有关的歌谣有《耕地谣》《播种谣》《插秧谣》《农夫歌》《丰收歌》，与捕鱼劳动有关的歌谣有《出航歌》《拉网歌》《捕鱼歌》《船歌》，与林业劳动有关的歌谣有《伐木歌》《抬木谣》《拉木歌》，与土木建筑劳动有关的歌谣有《打夯歌》《盖房谣》，与矿山冶金劳动有关的歌谣有《樵夫谣》《木匠谣》《背架谣》，等等。

朝鲜族劳动歌谣也可以根据劳动场合和劳动种类以及参加人的数量，分为集体劳动歌谣和个体劳动歌谣两种。集体劳动歌谣与打场、拉网、打夯、抬木等集体劳动过程的动作、节奏、速度直接有关，如《打夯歌》《抬木谣》等。其经常采取一领众和的多次反复形式，类似汉族的劳动号子。领唱者为该集体劳动的组织者和指挥者，领唱部分的旋律曲折、动听而有力，歌词幽默，可以与进行中的劳动有关，也可以无关，完全由领唱者即兴编唱；众和部分的旋律较为简短，歌词多用衬词，与领唱部分呼应，起助兴的作用。在个体劳动中演唱的歌曲称个体劳动歌谣，如《纺车谣》《织布谣》等，其歌词内容常与所进行的劳动有关，旋律曲折婉转，音域宽广，节奏自由。

（二）抒情歌谣

朝鲜族的抒情歌谣不但数量多，而且题材广泛，包含人们生活的各个方面，歌颂爱情、生活、自然风光等，其中表现爱情和歌唱大自然的较多。这类抒情歌谣普遍欢快奔放而浪漫，节奏疏密有致，旋律优美动听。具有代表性的抒情歌谣有《阿里郎》《桔梗谣》。

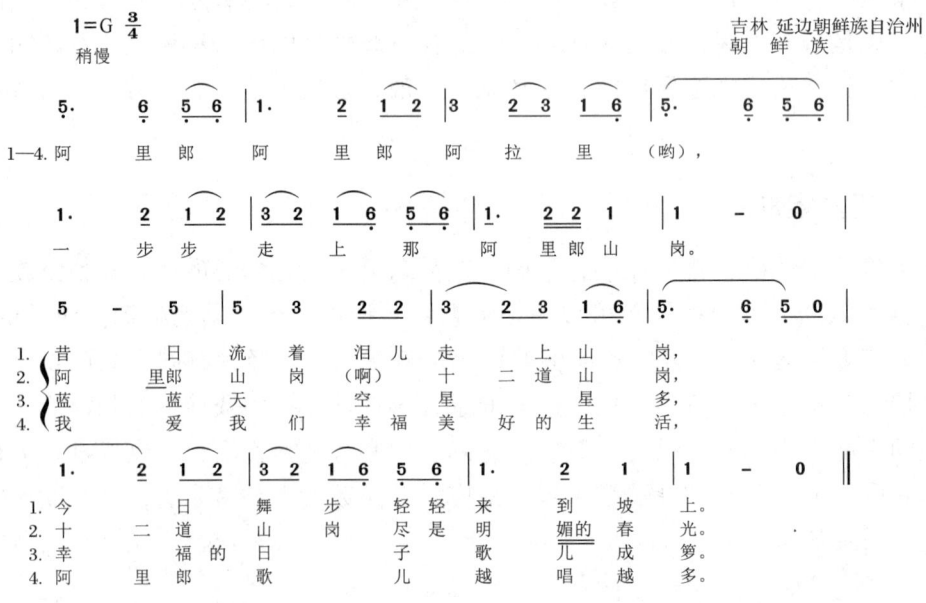

——乔建中《中国经典民歌鉴赏指南：下》

《阿里郎》至今在朝鲜族中广为传唱，是最具代表性的爱情主题传统抒情歌谣。这首歌在不同的地方演唱有很多变种，如《珍岛阿里郎》《庆尚道阿里郎》《密阳阿里郎》等。虽然由于各地方言不同，这些变种歌曲的旋律各自不同，但是歌词基本相同，都是在表达妻子对因生活所迫而离家出远门的丈夫难以抑制的思念之情，以及对两个人未来的憧憬。其旋律优美，结构严谨，音域不宽，易记易唱。

朝鲜族音乐具有鲜明的民族特点，其旋律独特，音色丰富，风格多样。其中，朝鲜族中的"长短"节奏形式有很多种，十分丰富。"长短"的节奏被艺术家灵活巧妙地运用在歌曲的创作中，在朝鲜族歌曲的情感表达中发挥着重要的作用。在《阿里郎》这首歌曲中，演唱者在唱"阿里郎"时，"阿"要比"里郎"拉长半拍音值，这里就出现了长音和短音的结合，这种"长短"节奏与本民族语言巧妙结合在一起，体现出了本民族独特的音乐特点。

二、吉剧

吉剧是吉林省的传统戏曲剧种之一，诞生于中华人民共和国成立之初。吉剧的出现是大众所趋、人民所需，满足了那个时代人们的精神文化需求，是吉林地域文化的重要代表。吉剧以二人转为母体，同时汲取了东北民歌、东北秧歌音乐等东北民间音乐元素，又在东北民间艺术的基础上提炼升华，逐渐发展成了具有东北地域特征、符合艺术发展规律、符合东北人民情感需求与审美标准的戏曲剧种。

1959年7月，《蓝河怨》（第一个实验剧目）成功演出，这为吉剧的发展奠定了基石。该剧故事简单，内容庞大，以板腔体为主体唱腔音乐，行当上设置"生、旦、净、末、丑"。伴奏分为文场、武场，以唢呐为主奏乐器。演员除了传统的唱、念、做、打外，还具备二人转中耍扇子和手绢的技巧。

1960年1月21日，《桃李梅》（第二个实验剧目）演出成功。《桃李梅》在《蓝河怨》的基础上做了进一步的改良，成功运用了柳调与嗨调，同时实现了行当分腔、男女分腔，增加了新的曲牌。在乐器伴奏方面，其以唢呐为主奏乐器的同时突出了二胡、板胡等乐器的特点。同年2月2日，新剧种被正式命名为吉剧，吉林省新剧种实验剧团更名为吉林省吉剧团，同时各县、市纷纷建立吉剧团，为吉剧的发展奠定了坚实的基础。此后，新的剧目不断产生，如《包公赔情》《燕青卖线》以及现代吉剧《雨夜送粮》等，丰富了吉剧的板式，增加了新的行当唱腔，如花旦、花脸武丑等，使吉剧很快得到了大众的认可与普及。

每一个地区都有独特的地域特色与文化环境。吉剧的诞生与发展深受吉林省地域特色和文化环境的影响。吉林省有满族、汉族、蒙古族、回族、达斡尔族、锡伯族、鄂伦春族、鄂温克族、朝鲜族等民族，是一个多民族聚居的省份。每个民族都有自己独特的民族文化与音乐文化，如朝鲜族有盘索里，蒙古族有乌力格尔，赫哲族有伊玛堪，满族有说部，汉族有二人转，等等。另外，吉林省的人民豪放、幽默、淳朴，这使当地的音乐有了朴实无华的内容和高亢激昂的风格。这些有利于促进吉剧的发展。

吉剧的曲调有一部分取材于东北民歌与东北秧歌。东北民歌包含东北地区的号子、山歌、小调以及少数民族民歌，来源于人民的生产生活，题材丰富多样，具有浓郁的地域特色，常被用在描写人物的吉剧唱段中，丰富了人物形象。

吉剧的唱腔是在东北民歌、二人转曲牌以及一些其他形式的民间音乐的基础上发展变化而来的，主要分为柳调、嗨调等。柳调包括"红柳子""秧歌柳子""三节板"三种基本曲调；嗨调包括"文嗨嗨""武嗨嗨""穷生调""四平调""打枣调"等基本曲调。嗨调和柳调采用的都是基调发展的方法，根据行当进行了分腔，并逐渐形成了一些正板、快正板、慢板、宽板等不同的板式。

吉剧的唱腔除了在二人转曲牌基础上进行板式变化外，还引用了其他曲牌，并经过了一定的发展变化，可以分为单曲体、曲牌体和板腔体三种，其中以板腔体为主。单曲体是在一个曲牌的基础上发展变化而成的。吉剧的单曲牌有"慢西城""打秋千""英雄悲"等，它们是在民歌、东北大鼓、二人转或者其他形式的民间音乐的基础上发展变化而来的。曲牌体为套曲结构，主要分为两种形式：由若干支不同的曲牌组成一套；由一支曲牌多次重复（其中有不同程度的变化）构成一套。曲牌的字数与句数都有定格，但是也会根据内容的变化而增减。唱词多为自由体或长短句的结构。板腔体是以某一曲调为基础，通过速度、节拍、节奏、宫调等要素的变化，在旋律、曲体上采用扩充和紧缩的手法，逐渐演变出一系列不同的板式，形成一套具有多种戏剧表现功能的唱腔，这种唱腔结构称为板腔体。板腔体同一腔系的音乐既有统一的词格、腔格、宫调、旋律、过门，又有变化的节奏速度和板式，具有较大的伸缩性。

吉剧的伴奏乐器以板胡和唢呐为主，还有善于抒情的喉管。根据故事的不同，吉剧表演还会适当加入古筝或者西洋乐器等。吉剧分为文场与武场两种形式：文场以板胡、唢呐为主要伴奏乐器，还有扬琴、琵琶、阮、笙、笛等乐器组成的小型乐队。板胡等拉弦乐器突出了音乐线条；琵琶、阮等弹拨乐器加强了音乐色彩；笛、笙、唢呐则用于加强音乐的戏剧性，特别是唢呐，其音量大，音色明亮，用在吉剧中能更好地刻画人物形象，推动剧情发展。武场以打击乐为主，以锣鼓为主要伴奏乐器，以独有的甩子为特色，还加入了吉鼓、云锣、定音鼓等伴奏乐器。打击乐在吉剧音乐中有着举足轻重的地位与广泛的用途。无论是表现打斗的场景，还是刻画人物的心理变化，打击乐都能突显出人物的特点。近些年，为了丰富音乐的层次，加强画面感，吉剧表演中还加入了大提琴等西洋乐器，更好地渲染了音乐的气氛，增强了吉剧的整体表现力。

知识链接：曲牌

曲牌，俗称"牌子"，是传统填词制谱用的曲调名称的统称。古代词曲创作原是"选词配乐"，后来逐渐将其中动听的曲调筛选保留，依照原词及曲调的格律填制新词，这些被保留的曲调仍多沿用原曲名称。明代以前所形成的戏曲声腔，如昆山腔、弋阳腔，以及由明清俗曲发展成的戏曲剧种，大多以曲牌为唱腔的组成单位，称为"曲牌体"唱腔。曲牌的文字部分要"倚声填词"，多用长短句，少用齐言。各曲的句数、用韵以及每句的字数、句法和四声平仄等都有定格。从韵文文体来说，曲牌即为此种文体的格律谱。

景点导航：长白山

长白山位于吉林省白山市长白朝鲜族自治县，是鸭绿江、松花江和图们江的发源地。长白山的"长白"二字还有一个美好的寓意，即"长相守，到白头"，代表着人们对美好爱情的向往与歌颂。长白山及其天池、瀑布、雪雕等曾入选吉尼斯世界纪录。另外，长白山在生态、生物、地质和历史等诸多方面有突出的价值。

课后习题：

1. 简述朝鲜族歌谣的类型和基本音乐特征。
2. 学唱《阿里郎》，体会朝鲜族歌曲的"长短"节奏。
3. 欣赏吉剧的经典曲目《桃李海》，说说吉剧的艺术特色。

第三节 黑龙江省

黑龙江，简称"黑"，省会为哈尔滨，北部、东部与俄罗斯隔江相望，西部与内蒙古自治区相邻，南部与吉林省接壤，是中国最北端的省级行政区。它是中国著名的北大仓，这里有中国最大的原始森林，层林叠翠，一碧无穷。

黑龙江的音乐有自己的特点。敢于"闯关东"的人都有股子血性，所以黑龙江的音乐比起朴实、粗犷的关内音乐更显开朗、泼辣。另外，黑龙江自古以来就是汉族和少数民族共同生活和繁衍的地方，这里有满族、朝鲜族、蒙古族、回族、达斡尔族、锡伯族、赫哲族、鄂伦春族、鄂温克族和柯尔克孜族10个少数民族。汉文化与少数民族文化长期互相交融，使得黑龙江的音乐瑰丽多姿、摇曳生辉。

一、东北秧歌

东北秧歌是一种民间歌舞表演形式，深受东北人民喜欢。在重大的节日，我们常可以看到秧歌表演。在如今东北地区的城市或乡村中，许多叔叔和阿姨常在傍晚聚集在广场扭秧歌，以锻炼身体。可见，秧歌在东北的流传度非常高。

东北秧歌在发展的过程中吸收了很多不同但又很有趣的表演形式，如祈福颂歌、民间杂技、武术、流行歌曲以及戏曲等艺术的表演形式，从而形成了多种表演形式，受众范围很广。东北秧歌的发展演变经历了三个阶段，即伴随劳动生活的小曲阶段、独立的民间歌舞演唱阶段、小戏阶段。东北秧歌的分类有两种：一种是人们熟知的"地蹦子"，又称为地秧歌，表演者直接在地面上表演舞蹈；另一种为踩高跷，表演者需要踩着高跷进行表演，高跷有一定高度，多在1～2米，最高可达3米多，难度非常大，表演也非常精彩。

一般使用唢呐、鼓、锣、镲等传统的乐器进行秧歌表演；在较为专业的表演中，表演者还会辅以二胡、三弦、手玉子和竹板等。在表演中，表演者经常使用变奏的手法，具体表现手法有四种：①旋律的改变。以原曲谱为基础，对旋律进行装饰，包括加花和简化，通过改变，让旋律更加流畅、华丽，同时富有风趣。一般在旋律开始的部分进行加花装饰，随着演奏的进行，旋律速度变快，旋律变得精简，形成了较为独特的表演风格。②技术性变奏。在同一个变奏中使用不同的技巧进行演奏，或同时用多个演奏技巧，体现出了东北秧歌中"浪"的特点。③借字手法。在演奏中，将乐曲中的几个音用别的音代替，将原曲谱的旋律和调性等进行调整和改变，加强了音乐的个性。④唢呐变换。将唢呐原本的音节进行更改，利用自然音节进行移调，同时在演奏唢呐时变换指法，使其旋律变化，进而使整体的音乐更加有特色。

东北秧歌的体态特征可以使用三个字进行概括，分别是"扭""哏""俏"，贯穿在秧歌表演中，也是东北秧歌的重要艺术特点。在跳秧歌时，女性表演者一般身姿挺拔，双手一般在腰部以上的位置活动，持手巾花和扇子在身体侧方悠甩。男性表演者在跳舞时，一般需要屈膝，前倾身体，并将双手放在胸上部大开大合，情绪高涨时还可能有高难度的"绝活"表演。

东北秧歌的表演工具种类较多，包括鱼竿、斧头等劳动工具，鞭子、棍棒等武器，绸子、水袖等戏曲工具，以及手巾花、扇子等传统工具。其中，最常用的是手巾花和扇子。东北秧歌中的手巾花又叫手绢，其原为满族妇女的日常生活用品，本为四角，后改为八角的双层手巾花。扇子本为纸糊的扇面，后经过改造，成了有绸边的、颜色鲜艳的折扇。

下面以《看秧歌》《新货郎》为例，对东北秧歌展开分析。

（一）《看秧歌》

《看秧歌》叙事性强，富有生活情趣，是众多东北小调中最具典型的代表。这首歌曲将一位大姑娘借着看秧歌会情郎的故事娓娓道来，通过演唱精彩地展现了秧歌曲里的"龙灯""旱船""踩高跷""舞龙舞狮"的生动场面，并清晰地展现了姑娘看见情郎时的激动、害羞，以及鞋子被人踩掉后的急迫情绪。该作品的演唱使用东北方言，自然朴实，口语性强，朗朗上口，能表现东北人朴实、直爽、火热的性格。该作品篇幅短小，构思巧妙，故事情节生动，音乐创作方面融入了我国民族声乐、东北二人转的元素和东北人的语言表达习惯，是一首将艺术性与创造性完美结合、具有东北音乐特点的东北民歌。

《看秧歌》采用了"非方正型起承转合"的曲体结构，运用了长短句结合的写作方法。其旋律和歌词逻辑统一，结构严谨，由前奏、A段、间奏、A1、间奏1、B段、间奏2、C段和结尾几个部分组成。从调式看，作品前奏由C徵六声调式加变宫引入，A段、间奏、A1、间奏1调式保持不变，一直到B段转为C徵五声调式，间奏2开始转回C徵六声调式加变宫，C段开始是五声调式，最后一句转为C徵六声调式加变宫直至结尾。整首歌曲的民族特色浓郁，加入了很多偏音，增加了趣味性，使东北民歌的口语化特点更为明显。

在语言方面，《看秧歌》也具有鲜明的东北地域特色。它使用了倚音、滑音、衬词、润腔等，这些音乐元素把整首作品的韵味、风格表现得淋漓尽致。歌词更加口语化，加上巧妙的说白，增加了歌曲的艺术色彩，充分体现了东北人的幽默俏皮。在《看秧歌》中，衬腔在歌曲中反复出现，它借助了东北二人转的典型音乐元素，具有"浪、俏、逗"的特点，展现了东北民歌的艺术魅力。

（二）《新货郎》

《新货郎》是一首融抒情与叙事为一体的歌曲，描写山区售货员售货的场景，反映了社会主义新农村的变化。全曲旋律清新明朗，节奏规整，歌词接近东北生活语言形态，是一首具有说唱（宣叙）风格的歌曲。这首歌曲建立在2/4拍上，采用欢快的快板。

全曲建立在六声音阶（加变宫）羽调式上，在轻松愉快的前奏过后，由吆喝声的拖腔引句导入。全曲分为两个部分：第一部分由三个乐句组成，均呈现切分音弱起的形式，表现货郎推着小车去卖货时轻松愉快的心情。间奏部分引用了前奏的音乐素材，导入说唱风格的第二部分，这部分由三段分节歌组成，其中第一段由垛句构成。在前六句，作曲家抓住了两拍子一强一弱的节奏特点，抑扬顿挫地介绍车上的货物。第二部分的第二段以第三人称的形象插入，描述了老大娘和货郎之间的对话，该部分的节奏和旋律完全再现了第一段，但速度发生了变化，开始由突慢的旋律表现老大娘慢条斯理地讲述镜腿被折，在托儿所无法正常做针线活的情景，展现了老大娘淳朴的性格。货郎对答部分的旋律稍快，展现了货郎热情、爽朗的性格。这部分对老大娘年老体衰、行动不便、语速缓慢的描述，与对货郎的青春活力的描写形成鲜明对比，突出了不同人物的个性特征。第二部分的第三段用快板形式表现社会主义新农村欣欣向荣的面貌和货郎愉悦的心情。结尾部分通过长长的拖腔使尾声余味无穷，让听众随着旋律感受到货郎渐渐走远的意境。

衬词是东北民歌中常用而又特殊的表现手法，它不但突显了歌曲的民族风格和地方特色，而且加强了歌唱语气，突出了歌唱性旋律。《新货郎》中就恰当地使用了衬词。例如，"大豆结荚滴里嘟噜密""咕儿呱呱乱叫鸭子、鹅"，其中衬词"滴里嘟噜"和"咕儿呱呱"生动、诙谐、风趣地描述了大豆的饱满与鸭子、鹅嬉戏追逐的情景。又如，"汉白玉的烟袋嘴呀，乌木的杆儿哎，还有那铮明瓦亮的烟袋锅啦哎呀"，其中"呀、哎、啦哎呀"这些衬词生动有趣，形象地表明了烟袋的材质，使作品具有强烈的艺术感染力，鲜明地呈现了东北民歌的地方色彩。

《新货郎》中时常出现方言，这使作品格外亲切，富有浓郁的地方特色。《新货郎》有许多"儿"化音和口语化的语言，使歌词更加流畅、自然，很好地展现了东北人豪放、幽默、直爽的性格。"儿"化音是指"儿"字附着在其他字后面时，前字和"儿"发音的缩合及改变，如"村子口儿""小伙儿""可身儿""抿嘴儿""针线活儿""鞋里儿、鞋面儿""不费事儿"等。这样，作品能更贴近东北人的日常用语，更加简洁、明快，更利于推广与传唱。

知识链接：衬词

衬词是在歌曲的歌词中，除直接表现歌曲思想内容的正词外，为完整表现歌曲而穿插的一些由语气词、形声词、谐音词或称谓构成的衬托性词语。衬词大多与正词没有直接关联，不在正词基本句式之内，甚至很多还是无意可解的词语，但和正词配曲歌唱，成为一首完整的歌曲时，就表现出强烈的情感，成为整个歌曲有机组成部分。

二、少数民族歌曲

黑龙江流域是蒙古族、满族、达斡尔族、鄂温克族、鄂伦春族、赫哲族、锡伯族等少数民族的发祥地，他们祖祖辈辈繁衍生息在这片广袤的土地上，在开发自然资源的同时，创造出了各自古老而悠久的民族音乐文化。下面以赫哲族歌曲、鄂伦春族歌曲、鄂温克族歌曲为例展开分析。

（一）赫哲族歌曲

赫哲族分布在黑龙江、松花江、乌苏里江交汇构成的三江平原和完达山，世代靠狩猎和捕鱼为生，其中以渔业供需为主，以狩猎改善为辅。随着时间推移，赫哲族改进了渔猎的技术技艺，用自己的智慧和双手在渔猎文明的进程中实现了自给自足。在其长期的渔猎生活中，赫哲族以渔猎生活为艺术源泉创作了不少曲调优美、朴素而质朴的音乐作品。

在赫哲族民歌的众多题材中，船歌是赫哲族创作最多的题材，其中《乌苏里船歌》是赫哲族民歌的代表作品。《乌苏里船歌》于20世纪60年代由郭颂、汪云才、胡小石等人根据赫哲族民歌《想情郎》和《狩猎哥哥回来了》改编而成。《乌苏里船歌》把赫哲族人民对美好生活的向往、对富足现状的赞美很好地表现了出来，表达了赫哲族人民内心喜悦的情感。赫哲族人民勤劳善良的优秀品质及其渔猎技艺都被描绘在这首民歌中。

《乌苏里船歌》采用宫调式，是一首三段体的民歌。第一乐段为6/8拍，整个乐段以虚词作为演唱部分的"衬腔"。在衬腔部分，创作者借鉴了赫哲族民歌《嫁令阔》的曲调，旋律婉转、优美；第二乐段为2/4拍，是根据赫哲族民歌《想情郎》进行改编的。第三乐段重复了本曲的第一乐段，以非常有民族特色的衬腔结束整曲。悠扬婉转的引子"阿郎赫赫尼那"和音律如诗的旋律勾勒出了赫哲族人民眼中的母亲河、好生活、新向往等美好画面。歌曲的旋律婉转悠扬，伴奏部分规整的和声对整首作品的铺叙展开也起着重要的作用。

景点导航：乌苏里江

乌苏里江是中国黑龙江支流，是中国与俄罗斯的界河。其上游由乌拉河和刀毕河汇合而成。这两河均发源于锡霍特山脉西南坡，东北流到哈巴罗夫斯克与黑龙江交汇。乌苏里江长909千米，流域面积187 000平方千米，江面宽阔，水流缓慢，主要支流有松阿察河、穆棱河、挠力河等。这里不但风光美丽,而且自然资源十分丰富,土地肥沃,山上还有广袤无垠的原始森林。

(二)鄂伦春族歌曲

鄂伦春族是中国北方古老民族的后裔之一,是经历过迁徙、分化、融合之后逐渐形成的民族。鄂伦春族以狩猎为主,其生活习俗与文化艺术等方面都彰显出狩猎民族的特点。鄂伦春族传统音乐类型包括赞达温(鄂伦春语,是民歌、山歌、小调等的总称)、鄂伦春族歌舞音乐(如吕日格因)、鄂伦春族说唱音乐(如摩苏昆、坚珠恩)和宗教音乐(如格依哈恩)。鄂伦春族原生态歌曲具有一定的特点,如即兴发挥、一曲多用,常用装饰音(滑音、长音、倚音、颤音、三连音以及三度、四度跳音等),等等。

"高高的兴安岭,一片大森林……"一听到《鄂伦春小唱》(又叫《鄂伦春族小唱》《鄂伦春小调》《勇敢的鄂伦春》等),鄂伦春族人民在白山黑水间策马狩猎、英姿飒爽的勇敢形象就跃然显现在听众眼前。虽然大部分人没去过大兴安岭、小兴安岭,没遇见过鄂伦春族人民,但这首脍炙人口的歌曲已将大兴安岭、小兴安岭与鄂伦春族人民紧密联系在一起,将鄂伦春族人民骑马穿山林的文化、生活与精神传遍大江南北。因此,《鄂伦春小唱》也成为鄂伦春族的经典音乐作品之一。

(三)鄂温克族歌曲

鄂温克族是东北地区的一个少数民族,该民族喜欢唱歌,其民歌曲调豪放,富有山野、草原的气息。鄂温克族的歌曲一般分为两种:比较短小的叫抒情歌,比较长的叫故事歌。这两类歌曲的最大特点是即兴性。鄂温克族人民会根据当下的情景,为一首曲调即兴填词,以抒发自己的情感。鄂温克族民歌还具有一曲多用的特点,即在同一个曲调内填不同的词,描述不同的故事,或表达不同的情感,这在中国传统音乐中也是比较常见的一种创作手法。

鄂温克族的民歌内容丰富,包括民族历史、生产劳动、社会交往、爱情婚姻、思念家乡、歌颂生活、抨击邪恶等内容,代表性作品有《母鹿之歌》《酒歌》《美丽的辉河,我的家乡》《大雁湖》《金色的雅鲁河》等。

另外,在许多民族中,歌舞是不分家的,鄂温克族的民歌同样与其舞蹈相互融合。它常常用于集体舞中,在欢聚的篝火晚会、庆祝节日的民间舞会上,起到烘托气氛、统一舞蹈步调、交流情感的重要作用。

课后习题:

1. 请从音乐风格及表现形式等方面说说东北秧歌的艺术特色。
2. 欣赏《看秧歌》和《新货郎》,说说这两首歌曲在音乐风格上的异同。
3. 说说赫哲族歌曲、鄂伦春族歌曲、鄂温克族歌曲的艺术风格。

第三章　华东地区

华东地区位于中国东部，自北向南包括山东省、江苏省、安徽省、上海市、浙江省、江西省、福建省以及台湾。华东地区自然环境条件优越，物产资源丰富，工业门类齐全，是中国综合技术水平最高的经济区。

华东地区主要属吴越文化圈，受到楚文化的影响，历史悠久，文化发达，中国音乐史上许多传统乐种发祥于此，如浙派古琴艺术、昆曲、弹词、越剧、江南丝竹等。

第一节　上海市

上海市，简称"沪"，是国家历史文化名城。江浙吴越文化与西方传入的工业文化相融合，使上海形成了特有的海派文化。1843年后，上海成为对外开放的商埠并迅速发展成远东第一大城市。其总面积6 340平方千米，辖16个市辖区，是全球著名的金融中心、全球人口规模和面积最大的都会区之一。

上海也是文化思想汇集融合的地方，十分强调文化的发展，特别是保持着对民间文化的关注和保护，并具体落实到了相应的政府工作中。上海的民歌、戏曲、说唱、器乐及歌舞等艺术具有十分丰富的内容和形式，其中最具代表性的有沪剧、说唱曲艺、江南丝竹等。20世纪初，上海更是由于特殊的历史人文环境，产生了一些具有上海特色的经典老歌，并流传海内外。

一、上海经典老歌

20世纪三四十年代的上海老歌凝结着中国老一辈音乐人的心血，也是上海这座城市的文化产物。上海的歌曲创作十分活跃，作品数量之多、题材之丰富在亚洲首屈一指，这使上海成为亚洲地区的音乐中心城市。这些歌曲既有鲜明的民族特色和地域特色，又具有浓郁的都市气息，就像城市民谣般流传于人们的口头，并闻名远扬。尤其是上海老歌的歌词具有文学性，旋律流畅、悦耳，而且歌曲经得起时间考验，百唱不厌。在创作方面，上海老歌既不照搬西方音乐，也不是民间音乐素材的堆砌，而是经过作曲家千锤百炼的结晶。下面以《夜上海》《玫瑰玫瑰我爱你》《天涯歌女》为例展开具体分析。

（一）《夜上海》

《夜上海》运用了中国五声民族调式，虽是爵士乐风格，却充满着中国风味，是一首具有中国特色的流行歌曲代表作品。

从结构看，该曲由 A 段和 B 段两部分组成：A 段由（2+2）四乐句构成的 a 和由（2+2）四乐句构成的 b 组成；B 段由六乐句构成的 c 和六乐句构成的 c1 组成。A 段与 B 段形成对比。

从旋律看，创作者运用了动机式的创作手法，以 la、sol 为动机，用合尾的方式创作了第一句，第二句则根据第一句主题进行不严格的模进发展而写成，且每句的前两小节的第一个音均用了大的跳进，第一句从 mi 到 re（七度关系），第二句从 mi 到 mi（八度关系），从而使旋律更显活泼俏皮。

从歌词看，创作者开头描绘出一番上海夜晚的繁荣景象。第二段歌词对歌女进行了刻画，描写歌女为了生存，即使内心充满着苦闷、忧愁，也不得不以笑脸在舞厅唱歌的画面，与开头繁荣的夜上海形成对比，反映了当时上海人民生活的苦难和内心的惆怅。

（二）《玫瑰玫瑰我爱你》

《玫瑰玫瑰我爱你》原名《玫瑰啊玫瑰》，由吴村作词、陈歌辛作曲。其旋律轻松明快、奔放昂扬，将城市情怀和民族音调巧妙地融为一体；其歌词形象鲜明、诗意盎然，表达了"风雨摧不毁并蒂连理"的情怀。

《玫瑰玫瑰我爱你》在 20 世纪 40 年代走红上海滩，走红全国。1951 年，它登上了全美音乐流行排行榜的榜首，在国外流行至今，是第一首在国际上广泛流行和产生重大影响的中国歌曲。

在很多场合，《玫瑰玫瑰我爱你》和《夜上海》都成了当时的上海的一个标志。《玫瑰玫瑰我爱你》是中国流行音乐的经典作品之一，是中华民族的文化瑰宝。

（三）《天涯歌女》

《天涯歌女》是中国电影《马路天使》的主题歌之一，由贺绿汀作曲、田汉作词、周璇演唱。周璇以此曲红遍天下，后来甚至以此曲为名演出一部同名电影《天涯歌女》。该歌曲以苏南民间小调《知心客》的旋律为创作素材，描写了 20 世纪三四十年代一个十五六岁的卖花姑娘对生活沧桑的感受，反映了当时老百姓的凄苦悲凉，将歌女为了生活而坚强承受着精神折磨的那种无奈和迷茫表现得淋漓尽致。

《天涯歌女》传唱至今在不同时代释放出了不同的生命力。全球音乐市场上流传的演唱版本可分为两大类：一是依照周璇所唱版本进行的翻唱；二是按照原谱进行演唱。按照语言，《天涯歌女》则可分为三个版本，分别为普通话版、吴语版及粤语版。据不完全统计，将《天涯歌女》作为影视作品的配乐作品共三部电影。在影视音乐市场的推动下，《天涯歌女》逐渐成了一首雅俗共赏的作品。

知识链接：贺绿汀

贺绿汀（1903—1999），中国音乐家协会前副主席，上海音乐学院前院长。他出身于邵阳一个贫苦的农民家庭，家乡美丽如画的山水和优美动听的民歌滋润着他的少年心灵。1912年，他进入宝庆循程学院读书，毕业后执教小学音乐、图画课。1924年，他以第一名成绩考入长沙岳云中学艺术专修科，攻读绘画与音乐。1926年秋，他毕业留校任音乐教员。同年10月，他加入中国共产党，积极参加农村大革命，为北伐军组织义演。之后，他参加了中国共产党领导的广州起义，从事宣传工作。后来，他转道香港赴上海。1931年，他考入上海国立音乐专科学校。1934年，在作曲家齐尔品举办的征求中国风味钢琴曲比赛中，贺绿汀以《牧童短笛》和《摇篮曲》分别获得一等奖和名誉二等奖。1934年，他进入电影界。他为《船家女》《都市风光》《十字街头》《马路天使》等电影和《复活》《武则天》等话剧配乐作曲，创作了《摇船歌》《背纤歌》《春天里》《怨别离》《怀乡曲》《恋歌》《秋水伊人》等上百首歌曲，脍炙人口，传唱不止。其中，他为电影《马路天使》谱写的《四季歌》《天涯歌女》是他的电影歌曲创作方面的经典代表作品。

二、沪剧

沪剧是上海市地方传统戏曲、国家级非物质文化遗产之一，它源于田头山歌和民间俚曲，在流传中受到弹词及其他民间说唱的影响，演变成说唱形式的滩簧。

沪剧的曲调优美动听，唱腔主要分为板腔体和曲牌体两大类。板腔体唱腔主要是以长腔长板为主的一些板式变化体唱腔，辅以迂回、三送、懒画眉等短曲和夜夜游、紫竹调、月月红等江南民间小调。曲牌体唱腔多数是明清俗曲、民间说唱的曲牌和江浙俚曲，也有从其他剧种吸收的曲牌及山歌、杂曲等。

在伴奏乐器方面，从对子戏时的一把胡琴、一副板和一面小锣发展到20世纪40年代时较大的沪剧团已使用5～8件乐器伴奏。具体来说，沪剧的伴奏乐器以竹筒二胡（俗称"申胡"）为主，辅以琵琶、扬琴、三弦、笛、箫等，属于江南丝竹类型配备，后吸收了少数广东乐器，使一些江南丝竹及广东乐曲的音调融入了唱腔中。

沪剧的表演没有夸张的程式动作及各种锣鼓点子，打击乐很简单，而且常在静场及某些情节中奏一段民间乐曲烘托气氛。

中华人民共和国成立后，有的剧团在民乐基础上吸收了西方乐器的弦乐、木管乐（有时还有铜管），组成中西混合乐队；有的还加入电声乐器，借鉴新歌剧及电影音乐，使音乐和剧情契合。

沪剧是以表现现代生活为主的戏曲，其表演具有戏曲传统表演特色，以唱、做、念、舞为主，在此基础上加强了对现实生活的表现，又广泛吸收新歌剧、电影、话剧以及其他剧种的表演方法，具有浓郁的时代气息。

在不同时期，沪剧的行当各有不同。比如，对子戏时期，一生一旦居多；同场戏时期，沪剧有了生行、丑行的分别。生行包括小生、老生，小生又分正场小生、风流小生。旦行又名包头，分正场包头、娘娘包头、花包头、老包头、邋遢包头等。当时由于班社人手少，演员往往需要串扮。随着沪剧表演向文明戏、话剧靠拢，其行当的分类日渐淡化，动作、念白均未形成行当程式，演唱也都使用真声。

与其他戏曲相比，沪剧初创期的一些名戏题材保留到了今天，如反映江南乡村爱情生活的传统对子戏《卖红菱》，表现农民艰辛生活或爱情故事的《借黄糠》《庵堂相会》，劝善的《陆雅臣》，反映上海民俗的《小分离》（药茶鸟文化）、《女看灯》《看龙舟》（岁时节俗文化）、《绣荷包》（丝绣文化），还有传统名剧《白兔记》《孟丽君》等。

知识链接1："燕燕做媒"（沪剧《罗汉钱》唱段）

沪剧《罗汉钱》由上海市文化局艺术事业管理处根据赵树理的短篇小说《登记》改编而成，由宗华、文牧、幸之执笔。该剧在第一届全国戏曲会演中获剧本奖、演出奖，讲述了中华人民共和国成立初期青年恋爱和婚姻自由，并得到国家法律支持的故事。

中华人民共和国成立初期，江南农村青年李小晚和张艾艾相恋，互赠罗汉钱和小方戒，但遭到有封建思想的村长等人的反对。张艾艾母亲小飞娥发现女儿所藏之罗汉钱，回忆起20年前自己与恋人保安相爱却被父母拆散强迫嫁给张木匠的经历，恐女儿日后重蹈覆辙，于是拒绝了媒婆的说亲。村里另一对男女青年小进与燕燕也在相恋，在旧习惯势力包围中，他们为争取婚姻自由相互支持。燕燕主动上门对小飞娥为张艾艾"说媒"。经劝说，小飞娥同意将张艾艾许配给小晚，但因村长阻挠而未办成婚姻登记。两个月后，《中华人民共和国婚姻法》（旧版）颁布，两对恋人终于圆满结合。

"燕燕做媒"是其中最为著名的唱段，流传在沪浙苏一带，深受老百姓的喜爱。它将戏曲元素与民歌元素相融合，吸取了江南小调"紫竹调"，具有鲜明的个性主题和戏曲舞台表演色彩。

知识链接2：上海说唱

上海说唱流行于上海和江苏、浙江部分地区，是中华人民共和国成立后在独脚戏的"唱派"基础上，吸收苏州弹词的说表技巧逐步发展形成的一种曲艺艺术。其演唱形式比较自由，一般是一人表演，亦可两人或多人表演。表演者自击用檀木或枣木制成的"三巧板"，伴奏乐器有扬琴、琵琶、三弦、二胡、月琴等。

上海说唱广泛吸收苏滩、宣卷和各地民歌、小调以及各种戏曲、曲艺的唱腔，甚至自编曲调，因来源多样，故称"什锦说唱"或"方言说唱"，或依据方言种类而命名为"沪剧说唱""越剧说唱"等。20世纪50年代中期，它被命名为"上海说唱"，把"一唱到底"的形式发展成说、表、唱、做的浓缩形式，逐步定型。

上海说唱的艺术特点是灵活多变，可叙事，可抒情，可说理，但偏重叙事。作品以喜剧性的内容为主，强调使用噱头，即便是说理、抒情的作品，也要求生动活泼。其唱腔杂采南腔北调，没有一定格式。上海说唱代表人物有袁一灵、黄永生、龚伯康、方艳华和顾竹君等，代表作品有《金陵塔》《小菜场》《唱灯》《唱人》《热心人》《人民售票员》《石油塔》等。

景点导航：上海外滩

外滩是近代上海城市的起点，见证了上海百年的发展历程。自 1843 年上海开埠（通商）以来，外滩便成了上海最繁华的区域并延续至今。外滩位于上海市中心黄浦区的黄浦江畔，是具有上海特色的城市地标之一，矗立着 52 幢风格迥异的古典复兴大楼，素有"外滩万国建筑博览群"之称，是中国近现代重要史迹及代表性建筑。

外滩南北总长 1 500 米，漫步在外滩黄浦江边，人们既可以领略外滩一侧百年历史的万国建筑，又可以看到对岸陆家嘴的新型都市，上海的过往与繁华瞬间浮现脑海。

课后习题：

1. 学唱上海经典歌曲，并谈谈演唱体会。
2. 沪剧的唱腔分为哪几类？沪剧的代表作有哪些？
3. 简要说说上海说唱音乐的艺术特点。

第二节　江苏省

江苏省，简称"苏"，省会为南京，位于长江三角洲地区，北接山东，东濒黄海，东南与浙江和上海毗邻，西接安徽、江苏，湖泊众多，地势平坦，地跨长江、淮河两大水系。江苏著名景点有中山陵、明孝陵、周庄古镇、金鸡湖、灵山大佛、太湖风景名胜区等。江苏还有着丰富的历史文化底蕴，许多文人骚客都不吝笔墨，在江苏留下许多千古名篇。著名诗人张继的"月落乌啼霜满天，江枫渔火对愁眠。姑苏城外寒山寺，夜半钟声到客船"可以说是家喻户晓，千古流传。

江苏自古就是一个福泽繁华之地，孕育了民歌领域中的一朵奇葩——江苏民歌。江苏民歌在不断发展变化过程中，与其他地区民歌相互借鉴，为自身增添了丰富多彩的曲调和韵味，在全国范围内被传唱。江苏民歌代表作有《茉莉花》《采红菱》《紫竹调》《姑苏风光》《无锡景》《拔根芦柴花》等。除了民歌外，苏州评弹也十分有名。下面对江苏民歌和苏州评弹进行具体分析。

一、江苏民歌

在我国民间音乐中，江苏民歌是极为重要的组成部分，其曲调优美，具有鲜明的地方文化特色。江苏民歌根植于地方，融合了当地世世代代的劳动人民对生活的向往和渴望，反映了当地人们乐观向上的生活态度。伴随着我国经济文化的快速发展，江苏民歌中的一些经典曲目广为流传。

（一）《茉莉花》

《茉莉花》是一首流传于全国各地的民间小调，各地的变体在音乐风格上都带有浓郁的地方特色,大多为爱情题材。其中,江浙地区的民歌《茉莉花》最为人们耳熟能详。这首民歌属于单乐段的分节歌,音乐结构比较均衡,句尾运用切分音节奏,给人以轻盈活泼的感觉,而且曲调清丽纯朴、柔美动人,充满了江南水乡的韵味。其实,《茉莉花》早已被世界人民所熟知。18世纪末,这首民歌就流传到西方,并被意大利作曲家普契尼吸收运用到他的著名歌剧《图兰朵》中,受到世界亿万听众的喜爱。现在,《茉莉花》已成为外国艺术家来我国演出时最常使用的曲目了。

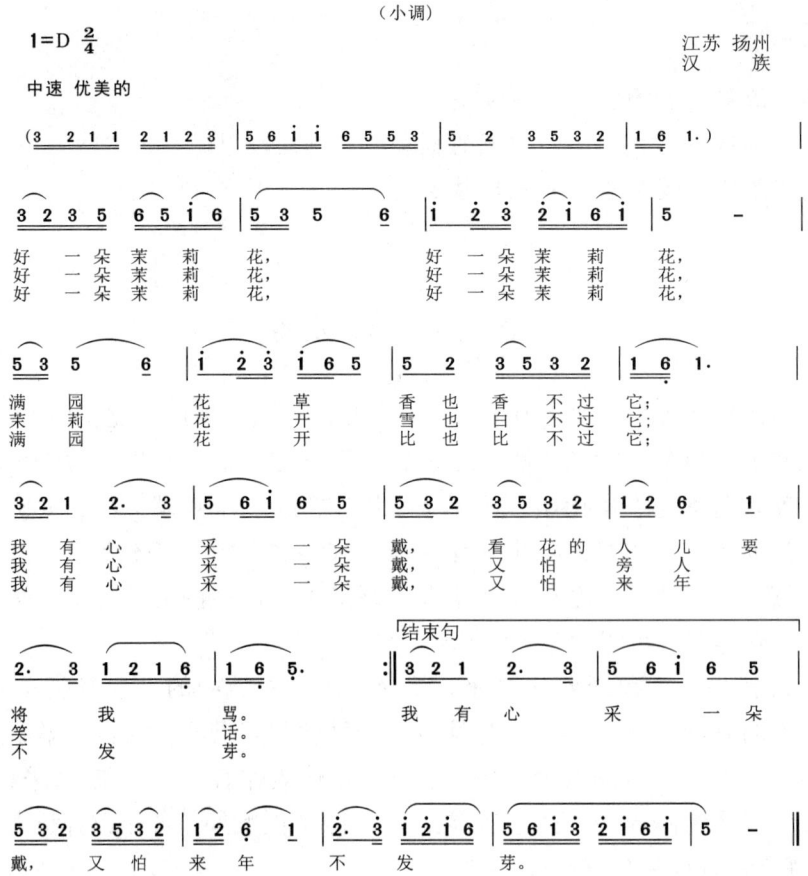

——乔建中《中国经典民歌鉴赏指南:上》

(二)《拔根芦柴花》

《拔根芦柴花》是一首"秧歌号子",是当时、当地的劳动人民在水田中劳动,为了缓解劳作之辛劳,在田中即兴编唱的歌曲。其既有北方的豪放,又不缺乏南方的柔美,曲调优美流畅,一气呵成,给人以清新、爽朗的感觉。

1956年7月,北京举行全国民间文艺调演,江苏省歌舞团民歌手雪飞首次正式演唱了《拔根芦柴花》。接着,这首歌又被选送到中南海怀仁堂给中央领导欣赏。周恩来总理上台接见演员时对雪飞说:"你唱得很好,家乡的民歌真好听啊!"1998年出版发行的《中国民间歌曲集成:江苏卷》将《拔根芦柴花》正式定为江苏民歌。

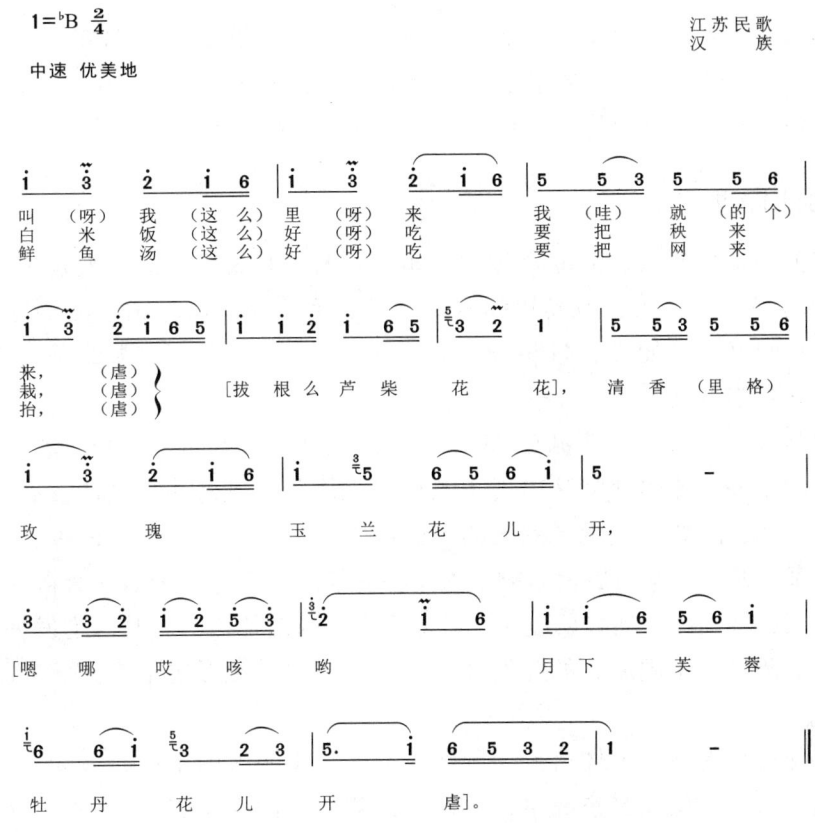

——乔建中《中国经典民歌鉴赏指南:上》

(三)《太湖美》

《太湖美》是一首江苏民歌,它于2002年被定为无锡市市歌。其创作于1978年,由任红举作词、龙飞作曲、李慧兰演唱,朱逢博等翻唱过。

这首歌曲表现了太湖两岸人民进行农业生产的生机勃勃的朝气。由于歌曲创作于打破思想束缚的年代里,因此《太湖美》明显表现了新时代人们的个性、情感。《太湖美》吸取了江南小调,用传统音乐的形式来表现太湖丰盛的自然资源以及悠久的革命传统,是传统文化与当代题材结合的一个完美例证。这也再次说明传统音乐是新音乐创作的土壤。

景点导航:无锡市鼋头渚景区

无锡市鼋头渚景区是太湖风景名胜区(国家重点风景名胜区)的主景点之一,位于江苏省无锡市滨湖区鼋渚路,是横卧太湖西北岸的一个半岛,占地面积5.39平方千米，因巨石突入湖中形状酷似神龟昂首而得名。民国五年（1916年），无锡市鼋头渚景区始建；1949年中华人民共和国成立后，无锡市人民政府接管无锡市鼋头渚景区，并成立"鼋头渚公园"。诗人郭沫若的"太湖佳绝处，毕竟在鼋头"是对其最高的赞誉。

作为江南地区规模最大的山水园林胜境，无锡市鼋头渚景区拥有充山隐秀、鹿顶迎晖、鼋渚春涛、横云山庄、万浪卷雪、湖山真意、十里芳径、太湖仙岛、江南兰苑、樱花谷、无锡人杰苑及中犊晨雾、广福古寺等较为出名的景点。

二、苏州评弹

苏州评弹的历史悠久，清乾隆时期已颇流行。当时最著名的艺人是王周士，他曾为乾隆皇帝演唱过。嘉庆、道光年间有陈遇乾、毛菖佩、俞秀山、陆瑞廷四大名家。咸丰、同治年间又有马如飞、赵湘舟、王石泉等。之后，名家流派纷呈，使苏州评弹艺术历经200余年不衰。

苏州评弹大致可分三大流派，即陈（遇乾）调、马（如飞）调、俞（秀山）调。经过百余年的发展，苏州评弹又出现了继承这三位名家风格并经创造发展而自成一家的新流派。比如，陈调的继承者刘天韵、杨振雄，俞调的继承者夏荷生、朱慧珍，他们均自成一家。尤其马调对后世影响最大，多有继承并自成一派者，如薛（筱卿）调、沈（俭安）调、琴调（朱雪琴所创）。周（玉泉）调则是在马调基础上发展而形成的，而蒋（月泉）调又源于周调，如此发展繁衍，苏州评弹便形成了流派、唱腔千姿百态的兴旺景象。

苏州评弹有说有唱，大体可分三种演出方式：①一人的单档，多为金戈铁马的历史演义和叱咤风云的侠义豪杰故事；②两人的双档，两人说唱，上手持三弦，下手抱琵琶，自弹自唱，多为儿女情长的传奇小说和民间故事；③三人的三档，演员均自弹自唱，伴奏乐器为小三弦和琵琶。

苏州评弹是苏州评话和苏州弹词的总称，是采用吴语徒口讲说表演的传统曲艺形式。它产生于苏州，并流行于江、浙、沪一带，用苏州方言演唱。

苏州评话源于宋代说话技艺。清代剧作家李玉的《清忠谱》第二折"书闹"中描述了明末清初苏州说书中演说《岳传》的情景，有表，有白，有类似赋赞的韵文，和苏州评话相同。

苏州评话是用苏州方言讲故事的口头语言艺术。其语言由第一人称（说书人的语言）和第三人称（故事中人物的语言）两部分组成，其中以前者为主。第一人称语言称表，第三人称语言称白，表和白以散文为主，多说不唱。但也有用作念诵的一小部分韵文，包括赋赞、挂口、引子和韵白等。赋赞用以描景、状物、体现人物的心理状态及性格特征；挂口是人物的自我介绍；引子是说书人的书情介绍或点题；韵白是韵文的表或白，或铺叙情节，或总结前段书情。

苏州评话的表演包括"手面"和"面风"。这种动作和表情也分说书人的动作和表情、故事中人物的动作和表情两大类。说书人的动作和表情是解释性的，并用于表达说书人的喜怒哀乐和爱憎态度。故事中人物的动作和表情由说书人用近似故事中人物的语言来表现，叫作"起角色"。"起角色"是对故事中人物的模仿，而不是演员以故事中人物的面目出现。说书人在书台上，始终是以演员身份出现的。

苏州评话的节目以长篇为主，分为以下几类：一是讲历史故事，属讲史类，如《西汉》《东汉》《三国》《隋唐》《金枪》《岳传》《英烈》等，为"长靠书"，又称"着甲"；二是"短打书"，讲英雄好汉、义士侠客的故事，如《七侠五义》《小五义》《绿牡丹》《金台传》等；三是神怪故事和公案书，如《封神榜》《济公传》《彭公案》《施公案》等。

苏州弹词的表演通常以说为主，说中夹唱。说时也有采用醒木作为道具击节拢神的情形。演唱采用的音乐曲调为板腔体的说书调，即"书调"。因流传中形成了诸多的音乐流派，"书调"又被称为"基本调"。

苏州弹词讲究"说噱弹唱"。"说"指叙说；"噱"指"放噱"，即逗人发笑；"弹"指使用三弦或琵琶进行伴奏，既可自弹自唱，又可相互伴奏和烘托；"唱"指演唱。其中"说"的手段非常丰富，有叙述，有代言，也有说明与议论。艺人在长期的说唱表演中形成了官白、私白、咕白、表白、衬白、托白等功能各不相同的说表手法与技巧，既可表现人物的思想活动、内心独白和相互间的对话，又可以说书人的口吻进行叙述、解释和评议。艺人还借鉴昆曲和京剧等的科白手法，运用嗓音变化和形体动作及面部表情等来表情达意，并塑造人物。

清初，随着苏州城市经济的繁荣，弹词在苏州已经盛行。康熙末年，定居于苏州的董说在《西游补》中就描写了盲女弹词使用苏州方言演出的情形。至乾隆年间，关于苏州弹词的记载日益增多。代表人物为王周士。王周士擅长唱《游龙传》，他吸收昆曲、吴歌的声腔，滩簧的表演形式，以单档起"十门角色"而闻名。乾隆四十一年（1776年），王周士于苏州宫巷第一天门创立包括评话艺人在内的行会组织——光裕公所，以示评弹艺术"光前裕后"之意。他从正反两方面总结自己说书艺术经验的《书品》和《书忌》被后来的弹词艺人奉为说书的信条。

清嘉庆年间（1796—1820年），苏州弹词迅速发展，当时刻印传世的书目有《三笑》《倭袍》《义妖传》《双金锭》等。同时，知名的弹词艺人增多。这些弹词艺人发展了王周士的书艺，丰富了上演书目，创造了流派唱腔，拓宽了表演思路，奠定了后来的苏州弹词的基本表演形式。

民国时期，苏州弹词的从艺人员激增。这一时期流派纷呈，弹词的演出形式也有了很大变化。随着女子弹词的重新兴起，双档成为主要的演出形式。

1956年参加登记的苏州弹词艺人有600人，其中苏州市区480人。登记后，这些艺人加入了各地的评弹演出团体，并根据"百花齐放、推陈出新"方针，对书目、唱腔等进行了艺术改革。苏州弹词艺术经过艺人的整旧创新，在艺术上有了很大的飞跃。新节目不断涌现，长篇有《白毛女》《新儿女英雄传》《李闯王》《青春之歌》《苦菜花》《红岩》《野火春风斗古城》《红色的种子》《江南红》《夺印》《李双双》等,中篇和常独立演出的"选回"有《老地保》《厅堂夺子》《玄都求雨》《花厅评理》《怒碰粮船》《庵堂认母》《一定要把淮河修好》《海上英雄》《芦苇青青》《新琵琶行》《大脚皇后》等。

苏州弹词的书目十分丰富,有传统长篇、新编历史题材节目,还有一些现代题材的新长篇。中华人民共和国成立以后,周玉泉的《玉蜻蜓》和《中篇弹词选》整理出版,并开展了有关历史艺术资料的搜集、整理和研究工作,出版了《苏州弹词旧闻钞》《评弹艺人谈艺录》。

知识链接:江南丝竹

江南丝竹是将丝弦乐器与竹管乐器相结合,流传于江苏南部、浙江西部、上海地区的一种民间音乐演奏形式。它的历史悠久,早在唐代,浙江杭州一带就已随处可闻丝竹音乐。其音乐风格清新柔美、细致典雅,曲调优美流畅、委婉动听。2006年,江南丝竹被列入第一批国家级非物质文化遗产名录。

江南丝竹的乐队编制比较灵活,一般3~5人,多亦可7~8人。乐队的主要乐器是二胡、笛子,也有小三弦、琵琶、扬琴、古筝等弹弦乐器,还有箫、笙等管乐器,鼓、板、木鱼、碰铃等打击乐器。

课后习题:

1. 说说苏州评弹的音乐特点。
2. 列举三首以上江苏民歌,并演唱其中一首。
3. 请你以导游的身份介绍江苏的一个景点。

第三节 浙江省

浙江省,简称"浙",省会为杭州,位于长江三角洲地区,东临东海,南接福建,西与安徽、江西相连,北与上海、江苏接壤。其历史悠久,文化灿烂,自东汉到现代,载入史册的浙江籍文学家逾千人,如王羲之、鲁迅、茅盾、秋瑾等。而且浙江山川秀丽,风景优美,有杭州西湖、绍兴东湖、嘉兴南湖,以及中国最大的人工湖——千岛湖等,还有钱塘江、瓯江等河流,普陀山、国清寺等佛教圣地,河姆渡文化遗址、良渚文化遗址等著名文化遗址。

数千年的历史,使浙江孕育了丰富、灿烂的"良渚文化""吴越文化""南宋文化"。因此,浙江艺术资源十分丰富,全省拥有多个专业艺术表演团体,包括越剧、婺剧、绍剧、京剧、昆剧等18个剧种,以及民歌、曲艺、杂技等艺术种类。

一、浙江民歌

（一）《采茶舞曲》

《采茶舞曲》原是越剧现代戏《雨前曲》的主题歌，是一首浙江传统民歌。其旋律优美流畅，其中逗趣性的乐句，如一问一答，似年轻人在相互嬉戏，又像年长者对丰收的赞美。

《采茶舞曲》使用吴语来演唱，将吴语的特点体现得淋漓尽致。比如，"溪水清清溪水长"中的"溪"通常不是按照谱中的标记唱"mi"，而是顺着方言"溪"的第四声从"sol"顺势做了一个甩腔下滑到"mi"等。押韵体现在歌曲每一句结束字音上都用了"ang"，如长、光、秧、忙等。歌词中"溪水两岸好呀么好风光"的"么"和"哥哥呀……妹妹呀……"中的"呀"都是方言衬词。

全曲以越剧的音调为写作素材，采用了七声徵调式。旋律上，越剧多用宫音、商音和徵音，因此《采茶舞曲》的每个音都停留在这三个音中的一个上，如第一乐段的 a 句和 d 句停留在商音上，b 句和 c 句停留在徵音上，e 句则停留在宫音上。小三度音程在越剧的旋律写作中常见。

知识链接：周大风

周大风，原名周之辉，音乐理论家、作曲家，享受国务院政府特殊津贴。他于 1923 年 7 月 22 日出生在上海，后因一场大火父母带着他回到故乡宁波市镇海县（现为镇海区）。6 岁时，他进入私塾，后由老师介绍到灵山学校学习。该校秉承生活就是教育的教学理念，这对周大风之后创办学校的理念产生了深刻影响。15 岁时，他和同学组织了民众救亡工作团，并进行了多部歌剧的排演。1938 年，周大风在上海益丰搪瓷厂做学徒时，跟随上海音乐专科学校（现为上海音乐学院）的钢琴教授王瑞娴学习钢琴。其代表作有《国际反侵略进行曲》《堡垒进行曲》《黎明之歌》等抗日爱国歌曲。此外，周大风搜集、整理浙江地方曲种，出版了《越剧音乐概论》《浙江地方戏曲音乐选》《越剧唱法研究》等书籍，这些书籍至今仍发挥着重要作用。

（二）《对鸟》

《对鸟》是一首浙江温州乐清山歌，是乐清民间所说的抛歌之一。山区分散的居住环境，日出而作、日落而息的山间劳作，是乐清山歌产生的根源。《对鸟》就是在儿童歌谣的基础上演化而来的劳动和生活的产物。雁荡山中万木争荣、百鸟和鸣，儿童在山林间放牧、砍柴或采野果，触景生情，不由自主地互猜鸟名，放声对唱起高亢嘹亮的山歌，于是《对鸟》诞生。

《对鸟》采用的是南方音乐中典型的以 sol、la、do、re 为主干音的 G 五声徵调式音阶，调式中没有半音，除大二度是级进外，小三度也算是级进。在曲式上，它属于"abcd 四句体"单乐段。从旋律的角度看，旋律的进行可分为同音反复、上下级进、上下跳进、分解和弦进行等几个类型。该民歌中乐句的前半句多采用密集紧凑的十六分音符的同音反复的形式,后半句因衬词拖长腔而一般采用舒缓宽广的自由延长音,这恰恰符合"抛歌"中一个接一个地抛问题的特点,也符合山歌这种体裁句尾拖长腔的规律。

该民歌的原生态歌唱形式为牧童山间对唱。其原生态演唱方法结合地道的乐清方言,使之歌声嘹亮。这种演唱方法很好地保持了牧童天真活泼的斗歌情趣,体现了原汁原味的山野趣味。

对　　鸟

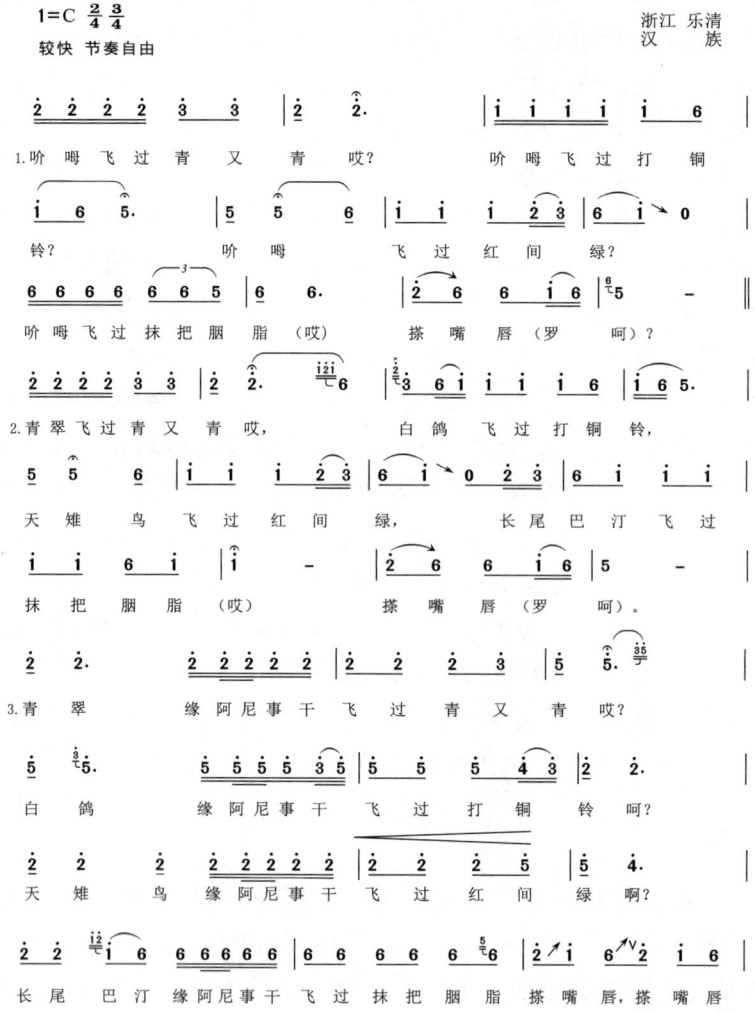

[乐谱片段，歌词如下：]

罗？　　　4.青翠　缘做媒人飞过青又

青哎，　白鸽　缘做掌轿飞过打铜

铃呵，　天雉鸟　缘做新郎官飞过红间

绿啊，长尾巴汀　缘做新事娘飞过抹把胭脂

（哎）　搽嘴唇，搽嘴唇罗！

——乔建中《中国经典民歌鉴赏指南：上》

景点导航：雁荡山

  雁荡山以山水奇秀闻名，有"海上名山、寰中绝胜"之美誉，主体位于浙江省温州市东北部海滨，小部分在台州市温岭南部。雁荡山形成于1亿2 000万年以前，是环太平洋大陆边缘火山带中一座白垩纪流纹质破火山。雁荡山以瓯江自然断裂，分北雁荡山和南雁荡山。以景观区位分，雁荡山分为北雁荡山、南雁荡山、西雁荡山、东雁荡山、中雁荡山。其开山凿胜始于南北朝，兴于唐，盛于宋。谢灵运、沈括、徐霞客、张大千、郭沫若、陈志岁等都曾在雁荡山留下诗篇和墨迹。

二、越剧

  越剧是中国第二大剧种，有第二国剧之称，又被称为"流传最广的地方剧种"，亦为中国五大戏曲剧种（依次为京剧、越剧、黄梅戏、评剧、豫剧）之一。2006年5月20日，越剧经国务院批准被列入第一批国家级非物质文化遗产名录。

  越剧于1906年诞生在浙江嵊县（今嵊州市），是浙江地方戏曲剧种之一。它经历了"小歌班""绍兴文戏（男、女班）"等几个发展阶段，在发展中汲取了昆曲、话剧、绍剧等剧种的营养，在全国有一定的影响力。随着越剧的革新与发展，上海、浙江、江苏、江西、福建、安徽等地的越剧表演团体层出不穷，袁雪芬、尹桂芳、范瑞娟、傅全香、徐玉兰、陆锦花、戚雅仙等分别创立了袁派、尹派、范派、傅派、徐派、陆派、戚派等。中华人民共和国成立后，王文娟的王派、张云霞的张派、吕瑞英的吕派、金采风的金派、毕春芳的毕派、张桂凤的张派出现。越剧艺术因为流派的形成而不断发展，进入更高的艺术层次。

  越剧唱腔属板腔体，早期曲调单一，后来吸收其他剧种、曲种音乐，逐渐丰富起来。越剧曲调清悠婉转、优美动听，主要有尺调、四工调、弦下调三大类，其中尺调又分为慢板、中板、连板、散板、嚣板、二凡、流水板等。越剧的行当分为小旦、小生、老生、小丑、老旦、大面六大类。其中，小旦又分为悲旦、花旦、闺门旦、泼旦、正旦、武旦六种，小生又分为书生、穷生、官生、武生四种，老生又分为正生、老外两种，小丑又分为长衫丑、官丑、短衫丑、女丑四种。越剧早期演出较为简单，后来搬用其他剧种的动作程式，又从生活中提炼出一些基本动作。1942年，在袁雪芬等的倡导下，越剧一方面吸收话剧、电影的表演方法，真实、细致地刻画人物的性格和心理活动；另一方面吸取昆曲、京剧优美的舞蹈身段和表演程式，使外部动作更细致、更具节奏感。这两方面有机结合，使越剧形成了写意与写实相结合的表演风格。

越剧有不少为人熟知的优秀剧目，其中较具代表性的有《梁山伯与祝英台》《红楼梦》《祥林嫂》《西厢记》《追鱼》《情探》《盘夫索夫》《柳毅传书》《碧玉簪》《三看御妹》《打金枝》《玉堂春》《琵琶记》《孔雀东南飞》等。越剧主要的伴奏乐器有二胡、中胡、三弦、琵琶、柳琴、扬琴、板鼓、拍板、堂鼓、大锣、小锣、小钹等。

下面以越剧《红楼梦》和《梁山伯与祝英台》中的两个唱段为例展开具体分析。

（一）"天上掉下个林妹妹"（越剧《红楼梦》唱段）

曹雪芹的小说《红楼梦》被多个剧种搬上戏曲舞台，其中就有越剧《红楼梦》。"天上掉下个林妹妹"是越剧《红楼梦》的经典唱段之一，描写了林黛玉与贾宝玉第一次见面的情景，表达了男女主人公似曾相识、一见如故的欣喜之情，为后来两人的恋情埋下伏笔。本唱段唱词优美，雅俗共赏，第一句"天上掉下个林妹妹"通俗易懂，强烈地表现了贾宝玉初会林黛玉的欢喜。该唱段采用对唱形式，唱出了两人初会对方时的感受和心情。该唱段的节奏明快跳跃，旋律简朴，色彩清新，是越剧唱腔流传最广的唱段之一。

（二）"十八相送"（越剧《梁山伯与祝英台》唱段）

《梁山伯与祝英台》的故事可谓家喻户晓，迄今为止已经历了从民间传说、口头文学至戏剧文本、电视剧电影文本的演变。在众多版本中，越剧《梁山伯与祝英台》十分有代表性。从越剧的发展看，早在男班"落地唱书"时期就已有折子戏《十八相送》《楼台会》，小歌班初期已有全本演出。1951年秋，华东越剧实验剧团排演《梁山伯与祝英台》，由范瑞娟饰演梁山伯，傅全香饰演祝英台。同年，《梁山伯与祝英台》作为国庆两周年观礼剧目，在北京演出成功。1952年冬，该剧参加了第一届全国戏曲观摩演出大会，并获得了剧本、演出、音乐作曲、舞美设计、演员等众多奖项。此后，该剧又经过数次修改、打磨，享誉海内外。直到今天，《梁山伯与祝英台》仍是最受人们欢迎和最常上演的越剧剧目之一。

"十八相送"节选自越剧《梁山伯与祝英台》，这一唱段中祝英台和梁山伯的唱腔结构均为复对仗四句体。祝英台的唱段为宫调式，四句唱腔围绕宫音、徵音展开，四句落音分别为 re、do、re、do，音域在低音 la 至中音 sol 之间，横跨七度，旋律进行以二度、三度较多，并伴以四度、五度的滑音跳进。梁山伯的唱段则为徵调式，四句唱腔围绕徵音、商音展开，四句落音分别为 re、sol、la、sol，音域在低音 mi 至中音 sol 之间，横跨十度，旋律进行以二度、三度、五度较多，并伴有一次六度跳进。

综观祝英台和梁山伯唱腔的旋律线条，二度、三度或四度、五度的进行使得两个人物唱腔的旋律线条都比较缠绵、婉转。祝英台最后的落字"来"以上扬的旋律线条为主，结束在宫音上，非常华丽，也体现了祝英台主动争取爱情的勇敢；梁山伯的最后落腔是采用加花的方式来扩充句式，如"家"和"归"，加花多以二度进行为主，使得整个旋律婉转、缠绵，极具柔美之感，而音色是厚实和硬朗的，凸显了梁山伯的憨厚、老实，以及处于被动的男性位置。从演唱的速度看，梁山伯比祝英台的演唱速度要慢，这使得梁山伯呈现出一种稳重、憨厚的男性形象。

课后习题：

1. 浙江主要有哪些音乐类型？
2. 学唱歌曲《采茶舞曲》。
3. 越剧有什么音乐特点？其经典曲目有哪些？

第四节　安徽省

安徽省，简称"皖"，省会为合肥，东连江苏，南接浙江、江西，西接河南、湖北，北接山东，处于全国经济发展的战略要冲和国内几大经济板块的对接地带。安徽文化发展源远流长，由徽州文化、淮河文化、皖江文化、庐州文化四个文化圈组成。著名旅游景点有"天下第一奇山"黄山、中国四大佛教名山之一九华山、以雄伟灵秀著称的禅宗圣地天柱山，以及有着千百年历史的徽派建筑代表皖南古村落等。古往今来，各种文化在这里交融汇合，相互影响，形成了独特的安徽音乐文化。

一、安徽民歌

安徽民歌总体上具有南北风格兼容的音乐特征，根据地域的分布，可以分为皖北民歌、皖南民歌、大别山民歌、巢湖民歌、凤阳民歌五类。

皖北民歌粗犷朴实，色彩明快。比如，宿州、阜阳等地由于地处淮北，在文化、语言等方面具有中原文化的特点，同时渗透楚文化、吴文化，因此民歌风格粗犷豪迈、节奏平稳、旋律起伏。代表作有《摘石榴》《地上黄河几道弯》等。

皖南民歌细腻甜美、纯朴优雅。比如，宣城、徽州等地的民歌曲调优美，节奏轻快。同时，皖南民歌题材广泛，内容涉及社会生活的方方面面。代表作有《采茶歌》《牧牛花鼓》等。

大别山民歌依山而生，依水而行，传颂着皋陶立法、大禹治水、楚汉之争以及辛亥革命等重大事件，还有人民群众生产生活、风土人情、民俗民谣等大量内容。代表作有《对花谜》《眼望情妹靠门庭》《新媳妇上门到婆家》《盼郎归》等。

巢湖民歌豪爽抒情。位于皖中地区的巢湖人民爱唱、会编，可以根据劳动场景、生活内容即兴演唱。代表作有《一支秧歌一趟秧》《绿浪滚滚迎面来》《姑嫂对花》等。

凤阳民歌热情奔放，边歌边舞。比如，凤阳花鼓、花鼓戏、花鼓灯，其中以凤阳花鼓最为出名。代表作有《王三姐赶集》《凤阳歌》《凤阳花鼓》等。

下面以《凤阳花鼓》《摘石榴》为例展开具体分析。

（一）《凤阳花鼓》

凤阳，即凤阳府，府治在今安徽省凤阳县，是明太祖朱元璋的故里。朱元璋于1368年推翻了元朝的统治，建立了明朝。明朝虽然采取了垦荒屯田等一系列发展生产的措施，但同时实行土地兼并的政策，使耕地日益集中在少数大贵族、大地主手里，导致广大农民沦为佃户，无力抵御水、旱、虫等各种自然灾害。朱元璋还把他的家乡凤阳定为中都，大兴土木，要求家乡父老服劳役，这种沉重的剥削、压迫也使老百姓不堪负担。在天灾人祸的逼迫下，即使有钱的大户人家也不免要"卖骡马"，濒临破产；至于家产很少甚至毫无家产的小户人家就只有被迫卖儿卖女；连儿女也没有可卖的，就只有"身背花鼓走四方"，即以四处卖唱行乞谋生。

民歌《凤阳花鼓》的主旨是反映凤阳百姓的痛苦，抒发悲怨，但开篇三句不直接进入正题，而是用"说凤阳，道凤阳，凤阳本是好地方"先赞其往昔之好，抒发热烈开朗之情，然后突然转折，说凤阳现在的灾难，抒发痛苦、哀怨之情，直至结尾。从内容上看，这是正反对比。从手法上看，这是衬跌，好像把水闸住，让水位提高，再让其跌落下去。从感情上看，这是欲抑先扬，有扬有抑。这样也就充分地反映了生活，深刻地表达了情感，产生了震撼人心的艺术力量。

《凤阳花鼓》是一首优秀的现实主义民歌，内容深刻，感情真切，特色鲜明，读之、诵之令人经久难忘。

知识链接：凤阳花鼓

凤阳花鼓又称"花鼓""打花鼓""花鼓小锣""双条鼓"等，起源于凤阳府临淮县（今凤阳县东部），是一种集曲艺和歌舞为一体的汉族民间表演艺术，但以曲艺形态的说唱表演最为著名。一般认为，凤阳花鼓形成于明代。

凤阳花鼓与花鼓灯、花鼓戏并称凤阳三花。凤阳花鼓主要分布于凤阳县燃灯、小溪河等乡镇一带，其曲艺形态的表演形式是由一人或二人自击小鼓和小锣伴奏，边舞边歌。历史上，艺人多以此为出门卖艺的手段，凤阳花鼓也因此而传遍大江南北。清康熙、乾隆年间，许多文人的诗文记录了凤阳花鼓表演时载歌载舞的热闹场面。清中期以后，凤阳花鼓中逐渐看不到舞蹈的痕迹，仅剩下唱曲部分，分为"坐唱"和"唱门头"两种形式。

凤阳花鼓有凤阳"一绝"之美称，2006年入选第一批国家级非物质文化遗产名录。

凤阳花鼓

1=G 4/4

安徽 凤阳
汉族

(3 3 3 3 2 - | 3 3 3 3 2 - | 3 3 3 3 2 3 | 2 3 2 3 2 -)|

6 6 5 3 - | 6 6 5 3 - | 3. 5 6 i |
说 凤 阳， 道 凤 阳， 凤 阳 本 是

6 5 3 1 2 - | 1. 2 3 5 | 3 2 1 2 - |
好 地 方， 自 从 出 了 朱 皇 帝，

6 6 5 3 5 6 i | 6 5 3 2 - | (3 3 3 3 2 - | 3 3 3 3 2 - |
十 年 倒 有 九 年 荒。

3 3 3 3 2 3 | 2 3 2 3 2 -) | 6. 5 6 i | 2 i 6 5 - |
大 户 人 家 卖 骡 马，

6. 5 3 i | 6 5 3 2 - | 1. 2 3 5 |
小 户 人 家 卖 儿 郎； 奴 家 没 有

3 2 1 2 - | 6 6 5 3 5 6 i | 6 5 3 2 - ‖
儿 郎 卖， 身 背 花 鼓 走 四 方。

——乔建中《中国经典民歌鉴赏指南：上》

（二）《摘石榴》

《摘石榴》是流传于安徽省五河县的地方民歌，描写了一对青年男女不满父母包办婚姻，追求美好生活的故事，其曲调欢快明畅、热情奔放。

20世纪50年代初，五河县小溪镇小溪村霍锦堂老人将当地民间传唱了100多年的小调改成三人小戏《摘石榴》，由民间艺人安华芝（饰小姑子）、张相千（饰小生）、王万霞（饰嫂子）演绎。后来，《摘石榴》在华东地区民间文艺会演中获演唱一等奖。1979年，五河县文化馆张荣阳等人对当地民歌进行采集整理，安徽省民歌征集小组专家对《摘石榴》进行删节改编，将三人表演变为两人对唱。1982年，歌手曹新云和马留柱在中央电视台举办的民歌大赛中演唱了改编后的《摘石榴》，大获成功。2001年，歌手张红曼、薛胜友演唱《摘石榴》，获南宁国际民歌艺术节金奖。朱逢博、吴琼、

孙国庆、魏金栋、张燕和阿宝等众多歌手也曾演唱该民歌。2010年2月，歌手祖海将此歌唱进了维也纳金色大厅。

二、安徽黄梅戏

黄梅戏起源于湖北黄梅，原名黄梅调、采茶戏等，与京剧、越剧、评剧、豫剧并称中国五大剧种，现流传于安徽省安庆市、湖北省黄梅县等地。其表演载歌载舞，唱腔淳朴流畅，以明快抒情见长，具有较强的表现力。2006年5月20日，黄梅戏经国务院批准被列入第一批国家级非物质文化遗产名录。

清末，湖北省黄梅县一带的采茶调传入毗邻的安徽省怀宁县等地区，与当地民间艺术结合，并用安庆方言歌唱和念白，逐渐发展成一个新的戏曲剧种，当时称为怀腔或怀调，这就是早期的黄梅戏。其后，黄梅戏又借鉴、吸收了青阳腔和徽调（徽剧的旧称）的音乐、表演形式，开始演出"本戏"。后以安庆为中心，经过一百多年的发展，黄梅戏成为安徽主要的地方戏曲剧种和全国知名的剧种。

黄梅戏的唱腔属板式变化体，有花腔、彩腔、主调三大腔系。花腔以演小戏为主，曲调优美欢快，具有浓厚的生活气息和小调色彩；彩腔曲调轻快欢畅，曾在花腔小戏中广泛使用；主调是黄梅戏传统正本大戏常用的唱腔，有平词、火攻、二行、三行之分，其中平词是正本戏中最主要的唱腔，曲调严肃庄重、优美大方。

黄梅戏通俗易懂，易于普及，深受各地群众的喜爱。在音乐伴奏上，早期黄梅戏由三人演奏堂鼓、钹、小锣、大锣等打击乐器，同时参加帮腔，号称"三打七唱"。中华人民共和国成立后，黄梅戏正式确立了以高胡为主奏乐器的伴奏体系。黄梅戏的行当体制是在"二小戏""三小戏"的基础上发展起来的，包括正旦、正生、小旦、小生、花旦、小丑、老旦、老生、花脸、刀马旦、武二花等行当。虽有分工，但并无严格限制，演员常可兼扮他行。

黄梅戏中有许多为人熟知的优秀剧目，其中《天仙配》《女驸马》《牛郎织女》《夫妻观灯》《打猪草》《纺棉纱》等最具代表性。

（一）"树上的鸟儿成双对"（黄梅戏《天仙配》唱段）

《天仙配》是中国著名的民间传奇故事之一。相传天上的织女爱上人间的放牛郎董永，于是下凡与他成婚，过着男耕女织的幸福生活，并生下一双儿女。但天上的王母得知消息，十分震怒，命令天兵天将将织女捉回天庭受罚。牛郎在神牛的帮助下，肩挑一双儿女也直追上天。王母看见了，拔下头簪划出一条银河，将他们夫妻二人阻隔。在织女的苦苦哀求下，王母才允许他们每年见一次面。每逢农历的七月初七，人间的喜鹊都要飞到银河上架起鹊桥，帮助牛郎织女相会。《天仙配》这一神话传说后来被文艺工作者改编为黄梅戏的保留剧目并广为流传，深受老百姓的喜爱。

"树上的鸟儿成双对"是黄梅戏《天仙配》中七仙女与董永的一段对唱，表现了他们二人结为夫妻后幸福的生活场景。这个唱段大体上可分为两段。第一段由完全相同的两组乐句构成。第一组乐句的上句先由女生唱出"树上的鸟儿成双对"后，男生应声附和地唱出下句"绿水青山带笑颜"。随后，在第二组乐句，女生唱道"从今不受那奴役苦"，男生答出下句"夫妻双双把家还"。之后是第一段的反复，反复时唱词有所不同，但仍使用对唱的演唱形式。夫妻二人的一唱一和轻松活泼、意趣盎然，表达了人们对美满婚姻生活的向往与憧憬。第二段一改对唱的演唱形式，运用男生、女生轮唱的方法，突出了"你我好比鸳鸯鸟，比翼双飞在人间"的中心思想，产生了新意。特别是结尾处的"在人间"三个字，由男生、女生轮唱转为合唱，达到了和谐的艺术效果。

黄梅戏《天仙配》中的唱段"树上的鸟儿成双对"唱腔圆润甜美，富有民歌风味，伴奏音乐清新活泼，节奏明快，表演形象生动、真切感人，展现出了独特的南方音乐风格。

（二）"谁料黄榜中状元"（黄梅戏《女驸马》唱段）

黄梅戏《女驸马》的故事内容大致如下：冯素贞自幼被许配给李兆廷，后李家败落，李兆廷投亲冯府，岳父母嫌贫爱富，逼其退婚。冯素贞花园赠银于李兆廷，冯父撞见，诬李兆廷为盗，将其送官入狱，逼冯素贞另嫁宰相刘文举之子。冯素贞女扮男装出逃，在京冒李兆廷之名应试中魁，被皇家强招为驸马。花烛之夜，冯素贞冒死陈词感动公主。皇帝赦免冯素贞之罪，冯素贞、李兆廷终成眷属。该剧通过女扮男装冒名赶考、偶中状元误成驸马、洞房献智化险为夷等一系列近乎离奇却又在情理之中的情节塑造了一个善良、勇敢、聪慧的古代女子形象。

"谁料黄榜中状元"属于花腔中的高腔，它的旋律添加了一些北方音调，之前就有的二度和三度音调也有了进一步扩展。黄梅戏一般在主调音乐中先上四度大跳，接着连续级进下行，这体现了黄梅戏的创新与发展。黄梅戏经典唱段"谁料黄榜中状元"吸取了安徽省安庆市当地小调和山歌的音乐特点，拥有鲜明的地方色彩。另外，"谁料黄榜中状元"以五声徵调式为主，将6和5这两个核心音作为动机的呈示，引申出了主题句，并且通过发展和重复主题等多种手法，完成了这段音乐的创作。其旋律优美、清新而又活泼，深受戏曲爱好者的喜爱。

景点导航：安徽黄山

黄山，古称黟山，位于安徽省黄山市内，地跨歙县、休宁县、黟县和黄山区、徽州区，东起黄狮岭，西至小岭脚，北始二龙桥，南达汤口镇，属亚热带季风气候。它以奇松、怪石、云海、温泉、冬雪"五绝"及历史遗存、书画、文学、传说、名人"五胜"著称于世，有"天下第一奇山""天开图画""松海云川"之称。

黄山分为温泉、云谷、玉屏、北海、松谷、钓桥、浮溪、洋湖、福固九个管理区，有千米以上高峰88座，其中"莲花""光明顶""天都"为黄山三大主峰，海拔均逾1 800米；黄山有大量的文化遗存，如古蹬道、古楹联、古桥、古亭、古寺、古塔等，另有现存摩崖石刻300余处，孕育了中国山水画"黄山画派"；黄山的动植物资源丰富,森林覆盖率达 84.7%,植被覆盖率达 93.6%,已知脊椎动物 300 余种,鸟类 170 余种。

1982 年,黄山风景区被国务院公布为第一批国家级重点风景名胜区。1985 年,黄山风景区被《中国旅游报》公布为中国十大风景名胜区之一。1990 年 12 月,黄山被联合国教科文组织列入《世界遗产名录》。2004 年 2 月,黄山被联合国教科文组织公布为世界地质公园。

课后习题:

1. 学唱一首安徽民歌。
2. 中国五大戏曲剧种是哪五种?
3. 当代黄梅戏的代表人物有哪几位?学唱一段黄梅戏。

第五节　福建省

福建省,简称"闽",省会为福州,位于东海与南海的交通要冲,是历史上海上丝绸之路、郑和下西洋的起点,也是海上商贸集散地。福建省地势西北高、东南低,呈"依山傍海"态势,省内山地、丘陵面积约占全省总面积的 90%,并且地跨闽江、晋江、九龙江、汀江四大水系。福建的旅游资源丰富且独特,有鼓浪屿风景名胜区、武夷山风景名胜区、泰宁风景旅游区、清源山国家重点风景区等。

福建传统音乐在中国传统音乐中具有很高的美学价值,按其音乐特点,大致可分为八个音乐文化区:闽东、莆仙、闽南、闽中、闽北、闽西北、闽西、闽东畲族。福建的曲艺音乐最具代表性的有南音、木偶戏、闽剧、莆闲戏、梨园戏等。

一、福建民歌

自古以来,福建就有歌乡之称,人民热爱歌唱,也擅长歌唱。福建民歌颇具特色:形式比较规整,旋律性强,表现手法多样,具有朴实、细致的表现特点,无论是音调、节奏、调式,还是曲式结构、创作手法等,都具有鲜明的地方特色。此外,还有许多外来小调与福建人民的语言、风俗习惯、思想感情相结合,已成为当地人民喜闻乐见、富有地方特色的音乐形式。

(一)《采茶扑蝶》

《采茶扑蝶》原名《采茶灯》,是根据福建省的采茶场景创作出来的,充分展现了当地特色。

《采茶灯》起源于龙岩市新罗区苏坂乡美山村。200 多年来,《采茶灯》代代相传,其中"扑蝶"这段音乐是《采茶灯》的高潮部分。1952 年,在一次慰问部队演出后,

《采茶灯》改名为《采茶扑蝶》。1953年，《采茶扑蝶》代表中国参加第四届世界青年联欢节并荣获银奖。从原生态的《采茶灯》到改编后的《采茶扑蝶》，这一切的背后是民间艺人和专业文艺工作者对民族文化遗产的虔诚守护。

很多音乐家和艺术家还将《采茶扑蝶》改编成钢琴曲、舞曲等，从而创作出了具有民族特色的新颖的音乐作品。

（二）《天乌乌》

《天乌乌》属于叙事性童谣，但在成人间也颇为流传。

《天乌乌》分为两大部分，第一部分描绘的是一对老年夫妻在天快要下雨的时候到屋外挖芋头，却意外挖到一只泥鳅（旋鱛鼓），两人十分高兴。第二部分描写的是老两口因为烹饪泥鳅时口味要求不同而产生争执，结果"两人相打"却"弄破了锅（鐹）"，以致什么也吃不成的诙谐生活小故事。

歌曲基本为一字一句，风格质朴自然，装饰音较少，语调接近口语，诙谐生动。每一部分又各由两个乐段组成，共四个乐段，为六声羽调式。旋律以第一乐段为基础，根据歌曲发展的情节，运用重复、变化等手法，逐步将情绪推向高潮。特别是歌曲最后模仿锅被打破的象声模拟音响"依哟嘎嘟叱当嘟当呛"，饶有生活气息。

二、闽剧

闽剧，又称福州戏，属于福建地方戏曲剧种，是国家级非物质文化遗产之一。它是现存唯一用福州方言演唱、念白的戏曲剧种，主要流行于闽中、闽东、闽北等地区。它是由明末儒林戏与清初的平讲戏、江湖戏，在清末（光绪至宣统年间）融合而成的多声腔剧种，俗称"前三合响"，雅称"榕腔"或"闽腔"。闽剧风格高雅，道白清晰，唱腔优美、流畅，演员在表演中重视运用手、眼、身、法、步的基本程式，力求展现优美的身段，通过外形体现人物的内心世界。

闽剧的行当早期较简单，由生、旦、丑构成"三小戏"。后来，其吸收徽剧、京剧的行当，使行当渐趋完整，增加到七个，曰"七子班"；再到九个，称"九门数"。随着行当的细致化，闽剧的行当又逐渐发展为"十二行当"，有小生、老生、武生、青衣、花旦、老旦、大花、二花、三花、贴、末、杂，相当齐全。

闽剧唱腔有"逗腔""江湖""洋歌""小调""啰啰""板歌"6个部分，统称"榕腔"。曲牌有190多首，其音乐旋律与福州方言的音韵、声调有着极为密切的关系。

逗腔出自儒家班，是闽剧唱腔的主体。音乐结构方整、严谨，有板腔体、曲牌体和板腔曲牌综合体三种。旋律婉转、缠绵悱恻，风格高雅，拖腔较多，以"呀、哎"等音为衬。乐器以吹奏乐器为主，以拉弦乐器、弹拨乐器为辅。

江湖出自"江湖"戏，是在本地区民间歌谣和评话（说唱艺术）腔的基础上，糅合外来声腔（如徽腔、弋阳腔等）发展而成的。特点之一是旋律简朴，变化性较大，在上下句落音不变的前提下，可按唱词的语言声调自由行腔；特点之二是节奏自由，说唱性强。伴奏乐器主要为拉弦乐器，唯"阴调"一曲的帮腔和过门用大唢呐。江湖高亢粗犷，紧拉慢唱时，最能体现激情。

洋歌有传统曲牌30多首，分四种类型：由引子、主曲、尾声三部分组成的有"双蝴蝶""孝顺歌""金湘""清言词""花鼓相骂""皈禅"等；由引子、主曲两部分组成的有"水底鱼""赏花"等；只有主曲部分的有"山坡羊""纱窗外""看相""弥陀寺""花鼓"等；唱念相间类型的有"浪淘沙""拍妻""鳌头金桂""驻云飞"等。四类曲牌的旋律互相渗透，可连串成套。唱腔字多腔少，行腔简净。伴奏乐器以京胡、月琴、三弦为主。曲牌后末句用呐仔代替帮腔，俗称"呐仔尾"。小过门也用"锣仔喈"，旋律流畅。代表剧目有《苏百万讨亲》等。乐器以弹拨乐器为主，以拉弦乐器、吹奏乐器为辅。

小调指民间小调，被吸收进闽剧唱腔的各地小调有60多首，它们大多旋律简洁流畅，融入闽剧后显得非常清新。

啰啰为外来剧种腔调之统称，吸收进闽剧后，其曲体、板式等基本不变。

板歌也称"行板"，是本地民间童谣、民谣加上打击乐演变而成的。其节奏多变，形式活泼，语言丰富，表演风趣，多为丑行演唱。

闽剧传统剧目有1 000多种，大多取材于民间传说、历史演义或古代传奇、杂剧，其中有的源于儒林班，有的源于江湖班，有的源于平讲班，还有的继承于徽班，常见的代表性剧目有《炼印》《荔枝换绛桃》《紫玉钗》《女运骸》《开封府》《珍珠塔》《储问记》《招姐做新妇》《孟姜女》《秦香莲》《杜十娘》《梁山伯与祝英台》《万花莲船》《邱丽玉》《秋兰送饭》等。

知识链接：文管

文管是由莆仙戏演化而来，传入泉州市泉港区后由当地方言演唱的一种民间音乐，既有纯器乐的演奏，也有以器乐伴奏结合表演的戏曲片段。

文管属于曲牌体，唱腔柔美，具有浓厚的地方色彩和风味。文管的曲牌很多，其中有许多是宋元南戏中的曲牌，而且不少在其他地方已经失传。所有曲牌加起来有"大题三百六，小题七百二"之说。"大题"俗称"大曲"，字少腔多，拖腔缠绵，节拍严谨，长于抒情，旋律委婉细腻，一般速度较缓慢，多为生、旦所唱；"小题"俗称"小曲"，字多腔少，行腔爽快，长于叙事，它的速度较快，节奏明快多变，旋律强劲、粗犷，唱曲近于朗诵，比较口语化，多为靓妆、末、丑所唱。靓妆和末的唱腔比较豪放，丑的唱腔则比较俚俗、幽默。

文管演唱都用本嗓，演唱形式有独唱、对唱、联唱、齐唱和帮腔等，和莆仙戏如出一辙。表演上，文管既有模拟生活的表演程式，又有舞蹈性的表演程式。

文管唱腔的旋律变化与泉港区、仙游县的方言韵律结合得很紧密。其旋律进行与方言的自然音节相合，运用装饰音和滑音来衬托音调的抑扬顿挫，表达乐曲中蕴含的感情，从而使唱腔富有独特的韵味和地方色彩。

景点导航：鼓浪屿

鼓浪屿位于我国福建省厦门市西南隅，面积约1.88平方千米，气候宜人，四季如春，无车马喧嚣，处处鸟语花香，宛如一颗璀璨的海上明珠镶嵌在厦门湾的碧海绿波之中，素有"海上花园"之称。

课后习题：

1. 福建最具代表性的民歌有哪些？试着唱一唱。
2. 闽剧有哪几种唱腔？各有什么特点？
3. 列举闽剧的代表作。

第六节 江西省

江西省，简称为"赣"，省会为南昌，东邻浙江、福建，南连广东，西接湖南，北毗湖北、安徽。江西区位优越，交通便利，地处江南，乃"形胜之区"，素有"文章节义之邦，白鹤鱼米之国"之美称。另外，江西的红色文化驰名中外，其中井冈山是中国革命的摇篮，南昌是中国人民解放军的诞生地，瑞金是中华苏维埃共和国临时中央政府成立的地方，安源是中国工人运动的策源地。

江西的传统音乐非常丰富，有号子、山歌、小调、歌舞曲、风俗歌等民歌，有弋阳腔、宜黄腔、采茶戏等戏曲声腔。经演变发展，弋阳腔、宜黄腔又逐渐演化为各地的高腔，现存的有饶河高腔、都湖高腔、东河高腔、盱河高腔、海盐腔等。江西还有七大地方剧种，分别为赣剧、都湖高腔、东河戏、盱河戏、宜黄戏、西河戏、宁河戏，另有南昌采茶戏、高安采茶戏、赣南采茶戏等14种地方小戏分布在全省各地。地方剧种的唱腔以高腔、昆腔和乱弹为主，器乐由文场曲牌和武场锣鼓两部分组成；地方小戏的唱腔常以本高调、茶灯调等为主，器乐也由文场曲牌和武场锣鼓两部分组成。

一、江西民歌

江西民歌非常丰富，主要有号子、山歌、小调、歌舞曲、风俗歌等。号子主要表现劳动场景，旋律粗犷、豪迈，如万安县的《齐心合力过险滩》、永新县的《过一重山来又一重天》等。山歌曲调质朴，节奏自由，形式短小，是劳动人民在山野劳动和日常生活中抒发情感时所唱的歌，如兴国县的《赞八仙》《曹操带兵征江东》《打支山歌过横排》等。小调是人们在日常生活中用于抒发情怀、娱乐消遣的民歌，多以分节歌形式出现，如吉水县的《十二月歌》、定南县的《十二月跌苦》等。歌舞曲是人们在节日或仪式上载歌载舞时的音乐，具有生动、明快的特点，如安远县的《班鸠调》、遂川县的《十二月花》等。风俗歌是表现风俗活动基本内容和特征的民间歌曲，可分为季节性风俗歌和非季节性风俗歌两类，如莲花县的《辞嫁哭别》、大余县的《年歌》等。

下面以《打支山歌过横排》《十送红军》为例展开分析。

（一）《打支山歌过横排》

《打支山歌过横排》属于谣唱体，2/4拍，中速稍慢，1=D调式，曲调高亢悠扬、亲切感人，具有浓郁的兴国山歌特点。特别是歌曲开始一声"哎呀嘹哎"，旋律高昂，声音绵长、热情奔放，起到了先声夺人的艺术效果。接下来运用"1，2，6"三音的创作手法，音域只在纯四度内盘旋，最后停留在主音上结束，旋律激昂动人。这首歌曲运用了倚音、波音、滑音装饰音和客家方言，生动地表现了客家人明快、爽朗、豪放的山野气息。

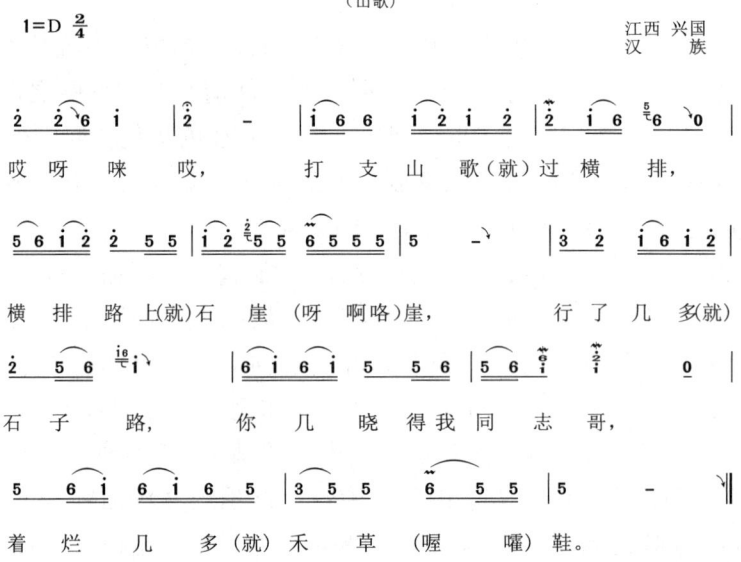

——乔建中《中国经典民歌鉴赏指南：上》

（二）《十送红军》

歌曲《十送红军》以叙事为基础，并借叙事来表达革命根据地人民对红军的深厚感情以及对革命成功的强烈期盼。歌词采用情景交融、借景抒情的手法，使人感到情真意切。该歌曲的旋律有一个主体（A）和两个变体（B与C），从而构成ABABACA的结构形态。各段之间都有着内在的联系，通过采用回旋曲式手法，从而形成整首歌曲的统一风格。与此同时，每段旋律融入有特色的音乐因素，从而使各段之间形成鲜明的对比。此外，每段的旋律运行多以短句的形态出现，并且在短句的后面予以停顿。尽管在短句间歇时有短小的间奏穿插其中，但是它在整体上依然给人以压抑、沉重的感觉。综观整首歌曲，其音乐情感是留恋、期盼、祝福、深情等多种情绪融为一体的。

二、赣剧

赣剧是江西省地方传统戏曲剧种、国家级非物质文化遗产之一，流行于江西省。在行当方面，赣剧沿袭了明代弋阳腔的行当旧制，分老生、正生（挂须）、小生、老旦、正旦、小旦、大花、二花、三花（小丑），俗称"九角头"。弹腔兴起后，赣剧的行当又增加了副末、二旦、四花等。其表演风格古朴厚实，声腔体系十分丰富，主要有高腔（弋阳腔遗音）、昆腔、弹腔。下面主要介绍赣剧的高腔。

赣剧高腔音乐特点如下：①干唱。由锣鼓伴奏，人声帮腔。②腔调自由。有格律而不为格律所限，随口歌唱，自由行腔。③旋律少变，节奏简单。其旧调无慢板。流水板节奏之快犹如江水一般，字多音少，一泄而尽。④"滚白"与"滚唱"。"滚白"是夹于曲牌唱腔之中，似念非念、似唱非唱的韵白，是一种表现人物和烘托环境的独特形式；"滚唱"即为五、七言诗句或通俗成语。

赣剧的高腔曲牌结构基本符合南北曲的格律。依照剧情需要，同一曲牌常有多种变体，从而产生了不同的性能，如《江边会友》和《张三借靴》的"大汉腔"；重复使用正体主曲，或正、变休曲牌的交替联结，造成强烈的戏剧效果，如《法场生祭》的"驻云飞"；随着剧情的发展，突出板式的变换，表现人物的内心感情，如《珍珠记·书馆相会》的"江儿水"；由于板式结构不同，所表现的感情色彩也不一样，如《僧尼会》的"新水令"。另外，根据不同的行当，选用相对定型的曲牌，塑造各种行当性格，如旦行的下山虎、净行的皂罗袍和生行的醉太平。曲调与"散头""夹白""帮腔"在戏中的交替使用，特别是在文字较晦涩的曲调中插入"滚唱"，使舞台场面更为活跃。

赣剧高腔表演古朴，富有生活情趣。在《江边会友》中，老艺人李福东饰尉迟恭，当尉迟恭钓鱼，钓着一只螃蟹时，用双手装作扳下螃蟹的双钳，向江面丢去，并念道："但将冷眼看螃蟹，看你横行到几时。"此时，李福东连续做了几个幅度较大的舞蹈动作，并通过面部表情的急剧变化把尉迟恭内心对李道宗的憎恨集中表达了出来，其中上船、解缆、持竿、装饵、抛丝、举竿等动作具有生活气息，并富有感情。

赣剧高腔表演为歌舞结合，歌启舞动，舞在歌中。比如，《珍珠记》中河桥分别一场，在如泣如诉的风马儿"套曲"音乐声中，配以高文举与王金贞两人的舞蹈，表现了一对恩爱夫妻如胶如漆、依依惜别的感情。高文举下场，王金贞踮足远眺，此时小锣轻敲，由慢而快、由急而缓，最后渐渐轻去，再起三春锦犯的女声小合唱"人儿去，鸟儿飞，花间人去柳烟迷，欲抬望眼无高处，立尽斜阳不忍归"，细腻而强烈地表现了王金贞目送丈夫远去的复杂心理。

另外，赣剧剧目分弋阳腔、青阳腔、弹腔三类。其中，弋阳腔剧目有所谓"十八本"之说，即《青梅会》《古城会》《风波亭》《定天山》《金貂记》《龙凤剑》《珍珠记》

《卖水记》《长城记》《八义记》《十义记》《鹦鹉记》《清风亭》《洛阳桥》《三元记》《白蛇记》《摇钱树》《乌盆记》；青阳腔剧目大多出自明朝传奇，保存较完整的剧目有《吐绒记》《百花记》《三跳涧》《香球记》《双杯记》《五桂记》等；弹腔剧目有《三官堂》《四国齐》《禹门关》等二凡戏、《祭风台》《花田错》《芦花河》等西皮戏，以及西皮二黄戏《二皇图》《蓝田带》《龙凤阁》等，另有二黄拨子戏《万里侯》《打金冠》等。

知识链接 1：赣剧《珍珠记》

赣剧《珍珠记》剧情如下：书生高文举赴京投考，其妻王金贞相送玉河桥，一对恩爱夫妻难分难离。王金贞遂将已破开的珍珠赠给高文举半颗，由两人各藏一半，作为纪念，并嘱咐高文举得中以后千万不要忘记夫妻情意，等到来年相逢的时候，珍珠就会合拢在一起。高文举果然中了状元，但被丞相温阁强招为婿。高文举有苦难言，遂写信给王金贞，派温府的家人去洛阳投递。这件事偏偏被温阁知道，于是温阁私自改了高文举的信，休了王金贞。王金贞接到休书后很悲愤，但又认为高文举绝非忘恩负义之人，何况休书亦非高文举的笔迹，于是来京寻找高文举。高文举自与温阁的女儿温金婷成亲以后，即奉召进宫，两月未归。温金婷知道王金贞是高文举的前妻，遂给她加上冒认丈夫的罪名，毒打一顿，罚她在后花园浇花打扫。温府一个老女仆很同情王金贞的遭遇，替她分担一些劳役。中秋节的夜晚，高文举由宫内返回温府，很想念王金贞，想吃家乡的团圆米果。老女仆让王金贞代做。高文举吃米果时发现其中有半颗珍珠，很像王金贞所赠的珍珠，忙取出身边的半颗查看，果然相合，猜想王金贞一定来到京城，焦虑异常。王金贞在窗外看到这种情景，奔到室内与高文举相会。如何才能逃出虎口呢？高文举知道包拯铁面无私，遂使王金贞连夜逃出温府，去包拯处状告温阁。经包拯查明，定了温阁父女仗势欺人之罪，高文举与王金贞终于团圆。

知识链接 2：花镲锣鼓

在 800 多年前的江西丰城就已经有花镲锣鼓的存在了，其俗称"吹打"，是一种唢呐与打击乐器并重的民间器乐合奏形式。花镲锣鼓能在丰城萌芽和发展，与当地历史上人文发达不无关系。宋朝，一位叫陈瑞的乡绅在丰城建了一所龙光书院。龙光书院与众不同的地方在于除了教授学生诗文外，还开展了音乐方面的教育。所以，那时候的民间锣鼓在龙光书院的研究之下，系统地形成了一整套的曲谱。每年农历三月初三，龙光书院中的雷焕祠都要举行规模盛大的祭祀庆典活动。这一天，龙光书院成了集中展示各类民间音乐的舞台，人们在此互相交流，这为丰城花镲锣鼓的形成奠定了基础。

之后，花镲锣鼓在一代代民间艺人的整理与传承中逐渐发展成型。清乾隆年间，丰城拖船镇新塘村唢呐艺人熊海元将龙光书院演奏的曲目记录整理。清光绪年间，花镲锣鼓艺人徐莹甫又融合各艺人之长，规定了乐队的组合形式及其演奏规则。至清末民初，丰城花镲锣鼓无论在乐队的编制组合还是曲体结构、演奏技巧、曲牌套数等方面，都已成熟、规范，成为一个具有鲜明地方特色的吹打乐种。

随着时间的推移，花镲锣鼓在当下的民俗、祭祀等活动中仍扮演着重要的角色。这些活动客观上为花镲锣鼓提供了广阔的发展空间，也为花镲锣鼓艺人提供了生存条件。如今，花镲锣鼓依旧是丰城人们日常生活中不可缺少的一部分。当地还经常举办花镲锣鼓邀请赛，众多乐队汇聚一堂，切磋竞技，观者如潮，是丰城一大文化盛事。2018年，丰城被命名为"江西省花镲锣鼓之乡"。

丰城花镲锣鼓生命力如此旺盛，还在于它广泛吸收了各种民间音乐和传统戏曲音乐的营养，创造性地将民歌和地方戏曲演变成了自己专门的曲牌，其中经典曲牌多达109个。2014年，花镲锣鼓入选第四批国家级非物质文化遗产代表性项目名录。作为当地一种古老、厚重、经典的传统音乐品种，花镲锣鼓的魅力经久不衰。

景点导航：三清山

三清山又名少华山，位于上饶市玉山县与德兴市的交界处，是国家地质公园、世界自然遗产，这些头衔让越来越多的人知道它的存在。三清山虽比不过黄山的秀、庐山的奇，但有独特的花岗岩峰林地貌，而且一年中有200多天是云雾天气，这让三清山自古就享有"清绝尘嚣天下无双福地，高凌云汉江南第一仙峰"之殊誉。

三清山有许多造型奇特、形神兼备的奇石，巨蟒出山、司春女神、猴王献宝、玉女开怀、老道拜月都是三清山标志性的奇景。

> **思考题**
>
> 1. 江西民歌有哪些艺术特点？
> 2. 学习并演唱1～2首江西民歌。
> 3. 赣剧的高腔有哪些特点？它的曲牌结构有什么特点？

第七节　山东省

山东省，简称"鲁"，省会为济南，它是儒家文化发源地。这里有中国五岳之首泰山、中国第一泉水湖大明湖、中国四大名楼蓬莱阁、中国四大文庙孔庙、天下第一庄台儿庄、天下第一泉趵突泉、海上第一仙山崂山等，是孔子、孟子、墨子、孙武、鲁班、诸葛亮、王羲之等人的故乡。

山东传统音乐的种类众多，有丰富多彩的民间歌曲和民间器乐，有绚烂多姿的戏曲和曲艺，有千姿百态的歌舞与舞蹈音乐，还有独具特色的文人音乐和宫廷音乐等。从这点看，山东堪称民间音乐艺术荟萃之地。

一、山东民歌

山东民歌是中国民歌的一个重要分支，具有质朴、淳厚、粗犷、诙谐和风趣的特点，能够表现山东省劳动人民朴实、憨厚的性情。其历史悠久，种类多样，具有多种表演形式，并且贴近山东劳动人民的生活风俗。根据山东民歌的不同风格特征，山东民歌可以分为小调、劳动号子、山歌、民歌套曲、秧歌五大类。经典作品有《沂蒙山小调》《谁不说俺家乡好》《包楞调》等。

（一）《沂蒙山小调》

《沂蒙山小调》是一首脍炙人口的地方小调，更是一首唱响神州大地的红色革命歌曲。它建立在淳朴、厚重的沂蒙文化根基之上，产生在中国共产党领导人民进行艰苦卓绝、波澜壮阔的革命战争年代，把沂蒙山区的美丽风光、沂蒙人民对美好生活的向往和对中国共产党的爱戴以及革命根据地军民间的情谊浑然天成地融为一曲，产生了巨大的正能量。

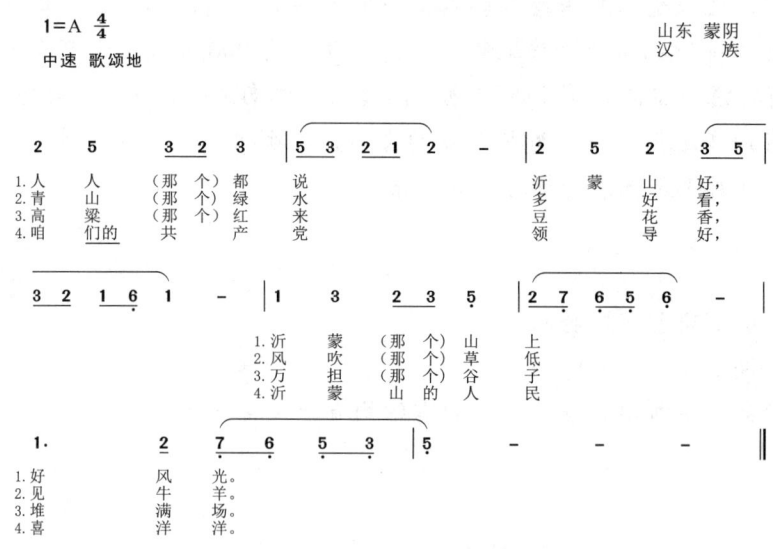

——乔建中《中国经典民歌鉴赏指南：上》

脍炙人口、久唱不衰的山东民歌《沂蒙山小调》诞生于临沂费县薛庄镇白石屋村。这首描绘沂蒙山区秀美风光的民歌最开始的时候名字叫《反对黄沙会》，后来经过人民群众的不断加工整理，唱红了沂蒙山，风靡神州大地。歌曲的节奏形式多样，歌词以方言为主，朗朗上口，形象地表现了革命老区人民对家乡一山一水的眷恋之情。

《沂蒙山小调》这首曲子分为4个乐句，属于一段体分节歌的架构。每个乐句都分为三个小节，这三个小节的节奏较为一致，在句子结束时做了拖腔处理，结束的乐音为 re、do、la、sol。这样，不但歌曲更具抒情性，而且其上下句能更好地衔接起来。在结构方面，《沂蒙山小调》短小精悍，有较强的抒情性；在歌词方面，《沂蒙山小调》使用了很多衬词，更具民族特色。

在抗日战争和解放战争时期，《沂蒙山小调》始终肩负着鼓舞沂蒙人民艰苦奋斗的光荣使命；在新时代浪潮下，《沂蒙山小调》更是重新燃起了革命老区人民建设美好家乡的热情。

景点导航：沂蒙山

沂蒙山作为人文地理概念，指"沂蒙山区"，是以蒙山山系和沂河流域为坐标的地理区域，是古青州海岱文化的重要组成部分。

沂蒙山作为地质公园概念，指的是以山东省临沂市的蒙山为主体，沿沂沭断裂带分布的钻石园区、岱崮园区、孟良崮园区和云蒙湖园区所构成的"沂蒙山国家地质公园"和"沂蒙山世界地质公园"。

沂蒙山作为旅游概念，指"沂蒙山旅游区"，是位于山东临沂、潍坊等地的沂山景区、蒙山龟蒙景区、蒙山云蒙景区三个景区，有沂山、蒙山等山峰。主峰龟蒙顶海拔1 156米，位于蒙山，是山东省第一大山和第二高山，是世界文化遗产齐长城所在地、世界著名养生长寿胜地。

沂山，古称"海岳"，有"东泰山"之称，居中国五大镇山之首，为国家AAAAA级旅游景区。其主峰玉皇顶海拔1 032米，拔地擎天，巍峨壮观，层峦叠翠，群峰竞秀，林海莽莽，松涛起伏，群山绵延数千米。沂山自然景观美不胜收，名胜古迹比比皆是，历代重臣、文人墨客在此留下了大量的碑碣铭文，从而形成了著名的东镇碑林。沂山，这座历代名人墨客向往称颂的仙山，每年来此度假、颐养、避暑的国内外游客络绎不绝。

蒙山位于沂蒙山区腹地，古称"东蒙""东山"，位于山东省临沂市蒙山旅游区，总面积1 125平方千米，海拔1 156米。蒙山旅游资源丰富，具有独特的山岳景观、森林景观、瀑布景观和人文景观。景区内奇峰耸立、水缠云绕，森林覆盖率99%以上，动植物资源丰富，是中国绝佳绿色健身旅游胜地。其环境质量很高。1999年经中国科学院生态环境研究中心监测，景区内空气中负氧离子含量每立方厘米220万个，居全国之首，为有史以来测得的最高值，因此蒙山被誉为"天然氧仓""超洁净地区"。

（二）《谁不说俺家乡好》

《谁不说俺家乡好》由吕其明、杨庶正、肖培珩作词、作曲，任桂珍演唱，是电影《红日》的插曲。其创作于1963年，后收录在任桂珍于1980年1月1日发行的专辑《中国民歌：第二辑》中。

《谁不说俺家乡好》采用了六乐句单段体结构a+b+c+d+e+d加尾声的形式，最后一句变化再现第四句的材料，旋律进行较为平稳，这也正是山东民歌的重要特征之一。歌曲的第一句从宫音开始到宫音结束，运用小六度的下行跳和小七度的上行跳，具有山东民歌高亢嘹亮的特色，表现了山东人民淳朴豪迈的性格。第二句从宫音开始到徵音结束，旋律比前一句显得平稳。第三句从羽音开始到羽音结束，旋律起伏不定。第四句从羽音开始到徵音结束，旋律先上行后下行。第五句的第一个音在比前一句结束的徵音高一个八度的徵音上开始，作曲家在这里采用长音符，而且这里的"哎"具有山歌的呼喊感，这一句结束在宫音上。这里旋律小六度的大跳富有特色，音乐悠扬、亲切。最后一句呼应前面的旋律，主要音调和第四句相似，从羽音开始到徵音结束，旋律先上行后下行。歌曲在回荡的呼喊"哎"中结束，突出了山东民歌的特性。

《谁不说俺家乡好》的歌词朗朗上口，曲调优美又不失灵动，以浓郁的山东民歌风味唱出了解放军好和解放区好，唱出了军民鱼水情，抒发了山东解放区人民热爱家乡、热爱子弟兵、保卫胜利果实的真挚情感。歌曲虽然仅有一个乐段，但极富民歌特色的音调，加之巧妙运用的衬字撒腔，显得地方特色十足。

（三）《包楞调》

《包楞调》主要流传于山东成武县，因唱词中多次使用了"白楞楞楞""包楞楞楞"而得名。

《包楞调》是一首花腔民族声乐作品，花腔部分在形式上与西方花腔作品有所不同，其旋律由大跳音程构成，通过大量的衬词进行花式演唱。其音乐欢快活泼，花腔旋律有八度大跳，节奏由大量十六分音符与切分节奏构成，以花式的甩腔来表达欢快、喜悦、高涨的情绪。演唱者在演唱时需做好气息的支撑，找准对抗的支点，以及保持高位置及喉头的稳定。

《包楞调》旋律在七声 D 宫调式上展开，开头两句"月亮出来了"和"太阳出来了"在旋律上是合头换尾、变化重复的关系，后一个乐句在前一个乐句的基础上做了旋律减花。《包楞调》运用了五度、六度、八度的大跳，体现了山东方言独特的腔调。另外，《包楞调》多处运用十六分音符、八分音符及切分，增强了音乐的俏皮感。

《包楞调》词曲富有特色，唱词可以分为三个层次：首先是正词，七言四句；其次是每段"正词"后面分别出现的"大姐唱罢了送给二姐紧""二姐唱罢了送给三姐紧""三姐唱罢了送给大家紧"，它们既属于正词，又是从正词到衬词的过渡句，称为"连词"；最后是衬词，分别出现于首句前半句之后（月亮出来了）和连词之后，前者有 20 个"楞"字，后者用了 42 个"楞"字。将同一个字作为衬词，而且多达 60 余个，这在汉族民歌中是绝无仅有的，但恰恰是《包楞调》的一大特色。

二、山东琴书

山东琴书早期叫作"小曲子"，形成于曹州（今菏泽）一带，其出现与当时鲁西南地区盛行的俗曲小唱相关。山东琴书是在明清俗曲的基础上形成的以曲牌体为主的曲艺形式，有南路、北路和东路三个主要流派，迄今已有近 300 年的历史。2006 年，山东琴书经国务院批准被列入第一批国家级非物质文化遗产名录。

山东琴书音乐形式多样，兼有联曲、主插、板式变化等形式。其曲目数量多，富有地方特色，具有文学、审美、社会学、民俗学等多种价值。另外，山东琴书还是山东吕剧的母体，对吕剧的产生、发展有过重大影响。

山东琴书早期表演形式为分角坐唱，通常由四五人或六七人演唱，分操琴、筝，配以四胡、竹笛、琵琶、简板、碟子、碰铃等。操琴、筝者唱主角，其余表演者分两侧呈扇面形。而随着历史的演变和艺术本身的发展，山东琴书的演唱逐渐打破了演唱陈规。比如，演唱者可根据故事情节的发展和人物感情的变化，面部呈现传神的表情，有时亦可略加手势以助表演，在演唱中还可与观众直接交流感情，但其演唱依然保持了稳重大方的基本特点。

山东琴书的传统代表性节目有很多，长篇有《白蛇传》《秋江》及移植来的《杨家将》《包公案》《大红袍》等，中篇有《王定保借当》《三上寿》《梁祝姻缘记》等，短篇多为早期小曲子节目中传承下来的经典之作。

知识链接1：山东快书

山东快书，又名"竹板快书"，是地方传统曲艺形式，也是华北、东北的主要曲种之一。2006年5月20日，它被列入第一批国家级非物质文化遗产名录。

山东快书的起源：山东快书发源于山东省临清、济宁一带，已有百年以上的历史。关于山东快书的起源，历来有三种传说，即刘茂基说、赵大桅说和傅汉章说。

山东快书的发展：山东快书起初流传在农村，后来随着社会的发展，渐渐进入城市，形成山东省内和省外两支。省内这支在烟台、青岛等地发展，艺人众多，实力雄厚；省外这支沿长江向东南发展，主要流传于武汉、徐州、蚌埠、南京、上海等地。

山东快书的兴盛：20世纪50年代初期，高元钧连续举办山东快书培训班，主要由军队选送人员参加培训。学员遍及大江南北，于是山东快书在全国范围得以迅速普及。

山东快书的表演特征：山东快书采用站唱的表演形式，讲究"手、眼、身、步"及"包袱""扣子"的运用。其动作连贯、幅度大，演员情绪强烈。形体动作是演唱、说唱的辅助，必须依附唱词。这样，才能使演唱更具表现力。在表演前，演员的动作需要精心设计，绝不能靠搞怪或者哗众取宠来取悦观众。

山东快书的唱腔特征：山东快书以说唱为主，韵诵多似数板，因此也有人称快书是"块数"。在语言的运用方面，山东快书力求增强韵诵的表达力。山东快书的基础语言是鲁西北方言，音调重浊有力，"艮"劲儿非常明显。在节奏方面，山东快书强调板眼结实，甚至夹白也要按在板槽中，以保证整个演唱艺术的整体性。其唱词基本为七字句，演员吟诵唱词，间以说白。

山东快书的音乐器材：山东快书仅凭一人一板便能演出，乐器多为快板或者鸳鸯板。

山东快书的艺术流派：山东快书主要有高元钧、杨立德、刘司昌三支流派。

山东快书经典剧目：《东岳庙》《景阳冈》《狮子楼》《十字坡》《石家庄》《闹当铺》《闹公堂》《闹南监》《摔杯计》《快活林》《调虎计》《飞云浦》《鸳鸯楼》《张家店》《蜈蚣岭》《白虎庄》《二龙山》《李逵夺鱼》《大闹马家店》《鲁达除霸》《打丰县》《打肥城》等。

知识链接2：孔子

孔子（公元前551—公元前479年），子姓，孔氏，名丘，字仲尼，鲁国陬邑（今山东省曲阜市）人，祖籍宋国栗邑（今河南省夏邑县），中国古代伟大的思想家、政治家、教育家。孔子开创私人讲学之风，倡导仁义礼智信，有弟子三千，其中贤人七十二。他曾带领部分弟子周游列国 14 年，晚年修订六经(《诗经》《尚书》《仪礼》《乐经》《周易》《春秋》)。在孔子去世后，其弟子及再传弟子把孔子及其弟子的言行语录和思想记录下来，整理编成《论语》。该书被奉为儒家经典。

孔子是当时社会上最博学者之一，在世时就被尊奉为"天纵之圣""天之木铎"，更被后世统治者尊为孔圣人、至圣、至圣先师、大成至圣文宣王先师、万世师表。其思想对中国和世界都有深远的影响，其人被列为"世界十大文化名人"之首。他对音乐与礼、音乐与仁的关系论述对儒家音乐理论体系的形成和发展产生了深远影响。他主张的"尽善尽美"的审美标准、"移风易俗，莫善于乐"的礼乐治国思想在当今社会仍具有影响力。在这一审美标准和治国思想的影响下，山东传统音乐文化在中国历史上留下了辉煌的篇章。

课后习题：

1. 山东有哪些曲艺形式？山东琴书的主要音乐特点是什么？
2. 请列举出四首以上山东民歌，并选择其中一首演唱。
3. 山东省有哪些旅游演艺？

第四章　华中地区

华中地区，包括河南、湖北、湖南三省，其地形地貌以岗地、平原、丘陵、盆地、山地为主，涵盖海河、黄河、淮河、长江四大水系，主要山脉有嵩山、桐柏山、武当山、衡山等。本地区的历史文化厚重，文物古迹众多，旅游资源丰富，如河南省有长城、龙门石窟、殷墟、少林寺等，湖北省有武当山古建筑群、明显陵、神农架等，湖南省有武陵源、洞庭湖、崀山等。

华中地区的整体音乐风格是清丽柔婉而不失风骨、轻灵雅致而不失淳朴。其音乐作品多以五声音阶为基础，多使用徵调式，采用多级进旋法，较少使用大跳音程，多为回环曲折状的旋律线条。另外，河南省的豫剧、湖北的汉剧、湖南的花鼓戏分别是各省影响力最大的剧种，也在全国具有广泛的影响力。

第一节　河南省

河南省，简称"豫"，省会为郑州，东接安徽、山东，北接河北、山西，西连陕西，南临湖北，素有"九州腹地、十省通衢"之称。河南省历史悠久，文化繁荣，拥有世界文化遗产项目5项，包含长城、龙门石窟、殷墟、少林寺、大运河，有郑州、开封、洛阳、安阳四大古都。

河南民歌种类和数量较多，多分布在偏僻的山区和本省的一些边沿地区。在民歌基础上，河南的戏曲艺术发展得较快，所以群众的文艺活动多以戏曲艺术为主。

一、河南民歌

（一）《编花篮》

《编花篮》是由钟庭润作词、郭复善作曲的一首小调作品。这首小调的旋律来自"九连灯"的代表曲目之一，具有河南方言的特点，体现出浓郁的河南韵味。其以调式音开头和结尾的音乐形成首尾呼应，主要靠运腔来体现河南音乐所特有的语言魅力。

河南民歌使用的音阶是很丰富的，大多使用的是五声音阶，也有的使用的是"4"或"#4"的六声音阶、"4"和"7"全出现的七声音阶。但是河南民歌的七声音阶里所出现的"4"和"7"两个音都不是十分稳定，往往是游移在"4"和"#4"以及"7"和"b7"之间，介于"↑4（微升4）"和"↓7（微降7）"的音位。河南民歌中"↑4""↓7"

出现的七音音阶使中原民歌的特色更加突出。《编花篮》中的"7"在演唱的时候就要处理成"↓7"。

知识链接：九连灯

九连灯又称"九莲灯"，是一种传统的中国民间舞蹈。之所以叫九连灯，一是体现中国古老的文化传统（中国的数字有其特定的含义，"九"是最大的阳数，"九五"之尊代表皇帝，代表至高无上）；二是九人执灯表演，九灯翻动相连。

九连灯于清嘉庆年间传入新安县刘岭村。刘岭村王姓人家有人在朝任职，主管宫廷礼乐，告老还乡后，将九连灯这门艺术传给后人，并规定只在本村本族传承，外姓人不传，外村人不传。至今，九连灯已传十几代，豫西地区只此一家。

九连灯传入民间后，随着时间推移，在内容和形式上都有很大变化。其表演内容丰富，主要作品有《瓦岗英雄》《忠臣救王》《雷奴救主》等，可随编随演。其在不同时期的扮演者不同，最初主要由女性表演。到了民国时期，持灯者男扮女装，骑马人演瓦岗英雄。另外，九连灯表演形式独特，在孔雀灯的指挥下，带动32盏花灯上下翻飞，八马灯前后呼应，灯马穿插，队形多变，有"过街路""蛇蜕皮""翻大马""剪子箍""辘轳把""莲花盆"等表演形式。九连灯在表演时，还能以灯组成各种吉祥文字，堪称一绝。

为使表演更有气势，九连灯伴奏乐器有很大变化，原先以丝弦管乐为主，后配以鼓、镲、铙、钹；演出队伍也由原先的二三十人到如今的百余人，门旗、彩旗招展，声势浩大。

九连灯多在春节、元宵节、庙会时表演，有"河洛一绝"之称。

（二）《王大娘钉缸》

河南省邓县、息县、商城、固始一带流行着一种传统民俗歌舞形式，名为地花鼓。这种地花鼓多由一旦一丑合作表演，其演唱内容多为北方各地民间流传的生活小调，深受人民群众喜爱。地花鼓之所以受到人民群众的喜爱，一是因为它真实地反映了人民群众的生活，表现了他们对生活的现实性追求；二是它的表演形式生动活泼、诙谐幽默，并富于亲切感。《王大娘钉缸》就是其中颇具代表性的一首歌舞曲，还曾被改编为曲剧。

《王大娘钉缸》取材于明传奇《钵中莲》之一折，写百草山旱妖化身王大娘炼成黄瓷缸，藏身缸内，以避雷击。但黄瓷缸被巨灵神撞裂，于是王大娘寻人修补。观音派土地神化为补锅匠，按观音旨意，假补真毁，将缸打碎。王大娘不依，意欲加害土地神，观音命二郎神前来，将其斩除。

《王大娘钉缸》采用了上下句的结构形式。从整体看，上下句均为6个小节，彼此呼应，显得工整平衡。从上下句的局部看，它们的正词与衬词部分明显地增强了歌曲的明快、轻松、诙谐的色彩。从旋律的运行逻辑看，上句正词部分的结音落在徵（sol）音上，其衬词部分的结音落在商（re）音上，给人以不稳定的感觉；下句正词部分的结音落在宫（do）音上，明显地产生了发展下行的动力需要，其衬词部分的结音回到徵（sol）音上，给人以完满结束的感觉。作曲家赵季平曾运用《王大娘钉缸》的旋律创作《水浒传》主题曲《好汉歌》，这在一定程度上说明了民歌是作曲家的创作源泉之一。

王大娘钉缸

（小调）

河南　邓州
汉　族

1=F 2/4
中速　活泼、风趣地

（此处为简谱歌词，包含8段唱词）

1.（领）挑　子一担　　响叮当　（众）（呀儿哟）哎个呀儿哟
2.（领）南　庄北庄　　都去过　（众）（呀儿哟）哎个呀儿哟
3.（领）王　家庄有　个王老汉　（众）（呀儿哟）哎个呀儿哟
4.（领）大　姑娘名　叫人人爱　（众）（呀儿哟）哎个呀儿哟
5.（领）唯　有三姑　娘长得好　（众）（呀儿哟）哎个呀儿哟
6.（领）说　走就走　来好快　（众）（呀儿哟）哎个呀儿哟
7.（领）挑　子放在　流平地　（众）（呀儿哟）哎个呀儿哟
8.（领）大　喊三声　钉盘子　（众）（呀儿哟）哎个呀儿哟

1.呀儿哟　呀儿哟　哎个呀儿哟，（领）担上挑子走四方
2.呀儿哟　呀儿哟　哎个呀儿哟，（领）如今要去王家庄
3.呀儿哟　呀儿哟　哎个呀儿哟，（领）他家有三个好姑娘
4.呀儿哟　呀儿哟　哎个呀儿哟，（领）二姑娘名就叫十里春
5.呀儿哟　呀儿哟　哎个呀儿哟，（领）起名就叫看不俗
6.呀儿哟　呀儿哟　哎个呀儿哟，（领）眼前来到王家庄
7.呀儿哟　呀儿哟　哎个呀儿哟，（领）扁担靠到柳树上
8.呀儿哟　呀儿哟　哎个呀儿哟，（领）钉盘子钉碗带钉缸

1.（众）（呀儿　哟　哎　呀儿哟　呀儿哟　呀儿哟　哎个呀儿哟）。
2.（众）（呀儿　哟　哎　呀儿哟　呀儿哟　呀儿哟　哎个呀儿哟）。
3.（众）（呀儿　哟　哎　呀儿哟　呀儿哟　呀儿哟　哎个呀儿哟）。
4.（众）（呀儿　哟　哎　呀儿哟　呀儿哟　呀儿哟　哎个呀儿哟）。
5.（众）（呀儿　哟　哎　呀儿哟　呀儿哟　呀儿哟　哎个呀儿哟）。
6.（众）（呀儿　哟　哎　呀儿哟　呀儿哟　呀儿哟　哎个呀儿哟）。
7.（众）（呀儿　哟　哎　呀儿哟　呀儿哟　呀儿哟　哎个呀儿哟）。
8.（众）（呀儿　哟　哎　呀儿哟　呀儿哟　呀儿哟　哎个呀儿哟）。

——乔建中《中国经典民歌鉴赏指南：上》

二、豫剧

豫剧发源于河南开封，是在河南梆子的基础上改革和创新发展起来的，是中国的五大戏曲剧种之一。2006年，豫剧经国务院批准被列入第一批国家级非物质文化遗产名录。

豫剧古今兼纳、刚柔相济、豁达宽厚，有"中和"之美。首先，豫剧的唱腔铿锵有力、大气磅礴、抑扬有度，并富有热情奔放的阳刚之气。其次，豫剧的行腔酣畅、

吐字清晰，并善于表达人物的内心情感。最后，豫剧的节奏鲜明强烈，矛盾冲突尖锐，故事的情节有头有尾，再加上曲调诙谐欢快，使得豫剧不仅适合演出轻松的喜剧，也适合演帝王将相的大场面，因此豫剧的戏剧性很强。豫剧的唱腔流畅，节奏鲜明，吐字清晰，容易被观众听清，所以受到了人民群众的喜爱。

豫剧的传统剧目有1 000多个，其中很大一部分取材于历史小说和演义，如封神戏、三国戏、瓦岗戏、包公戏等，还有很大一部分描写爱情、婚姻、道德伦理的戏。中华人民共和国成立之后，出现了不少描写现实生活的现代戏和新编历史剧。1949年以来，移植改编的古装剧有《红娘》《花木兰》《宇宙锋》《穆桂英挂帅》《破洪州》《五世请缨》《七品芝麻官》《打金枝》《三哭殿》《大祭桩》《刘墉下南京》《五女拜寿》《冥梦泪》《大登殿》《白蛇传》《程婴救孤》《清风亭》等；创作改编的现代戏有《朝阳沟》《刘胡兰》《李双双》《人欢马叫》《小二黑结婚》《罗汉钱》《祥林嫂》《五姑娘》《红色娘子军》等。

豫剧的经典代表作有很多，如《对花枪》《花木兰》《穆桂英挂帅》等。其中，豫剧《花木兰》是被称为"豫剧皇后"的常香玉老师的代表作之一，讲述的是南北朝时期巾帼英雄花木兰替父从军的故事。其中的唱段"谁说女子不如男"曾在中央电视台春节联欢晚会上演出，深受群众喜爱。

"谁说女子不如男"是花木兰为了劝说一名叫刘忠的同行士兵端正态度、统一思想、勇于承担所唱。整段唱腔的结构以祥符调单板式（二八板）为主，自"白天去种地"起多处采用了贴近生活、颇为口语化的五字相连的"五音联弹"唱法，这样的处理使得选段更为朗朗上口，突显节奏对比变化的同时达到了韵律的和谐统一，让整个唱段显得更加顿挫有序、浑然天成、真实而又自然。

知识链接1：常香玉

常香玉（1923年9月15日—2004年6月1日），原名张妙玲，出生于河南省巩县（今巩义市），豫剧表演艺术家。她是中国文学艺术界联合会荣誉委员，曾任中国戏剧家协会副主席、河南省戏剧家协会主席、河南豫剧院院长、河南省戏曲学校校长等职务。

她的唱腔融合了祥符调的古朴醇厚、委婉含蓄、俏丽典雅风格，还吸收了曲剧、河北梆子、京剧等剧种的元素，形成了独特的"常派"唱腔。常派唱腔的特点是字正腔圆，运气酣畅，韵味淳厚，格调新颖，以声绘情、以情带声。常香玉的表演刚健清新、细腻大方、内涵深邃、性格鲜明，在表达人物的思想感情上细致入微，一人一貌，栩栩如生。她的代表作有《花木兰》《拷红》《断桥》《大祭桩》《人欢马叫》《红灯记》等。

知识链接2：坠胡

坠胡又称曲胡、二弦，属于擦奏弦鸣乐器，主要流传于河南、山东一带，是河南坠子、曲剧、山东琴书、吕剧的主要伴奏乐器。坠胡的前身是小三弦，在为说唱、戏曲伴奏时，艺人感到弹拨乐器难以与唱腔很好地配合，遂仿效胡琴，改用马尾弓拉奏，并将琴鼓改为胡琴的琴筒，形成坠胡。坠胡琴筒形状似四胡，但短而粗，用铜板或硬木制作，前口蒙蟒皮。琴杆和琴头似三弦。琴杆兼作指板，张两弦。一般定弦为a、d1，音域a～d3。除伴奏外，坠胡还用于合奏和独奏。

课后习题：

1. 学唱河南民歌《编花篮》。
2. 简述豫剧的艺术特点，并介绍几首具有代表性的作品。
3. 请介绍河南坠子的主要伴奏乐器。

第二节　湖北省

湖北省，简称"鄂"，省会为武汉，地处中国中部地区，东邻安徽，西连重庆，西北与陕西接壤，南接江西、湖南，北与河南毗邻。湖北省有武汉、荆州、襄阳、随州、钟祥5个国家历史文化名城，有中国农耕文化发祥地之一的屈家岭文化遗址、被誉为"东方第八大奇迹"的曾侯乙编钟，还有屈原和王昭君的故乡秭归县、李时珍的故里蕲春县，等等。

湖北省除了有大量的民歌以外，还流传着黄梅戏、花鼓戏、汉剧、大鼓、三棒鼓等。其中，黄梅戏的起源地为湖北黄梅县，"一去二三里，村村湾湾都唱戏"就是黄梅戏在当地盛行的写照；花鼓戏充满浓郁的江汉平原地方情调，唱腔悠扬、甜美、悦耳，其表演展现了丰富多彩的湖乡生活和湖乡风貌，具有浓郁的汉族民间生活气息；汉剧是湖北地区乃至全国皮黄剧种和南北京剧风格形成的特殊见证。

一、湖北民歌

（一）《龙船调》

《龙船调》有"湖北传世金曲之首"的美称，是湖北"十大区域特色文化品牌"。《龙船调》是由利川灯歌《种瓜调》整理改编而成的。利川灯歌是利川土家族逢年过节，以彩龙船为道具的一种民间演唱形式。它发轫于清初，距今已经有300多年的历史。清末，灯歌在利川日益兴盛，有"前八出""后八出""杂灯"等多种花灯。《种瓜调》在湖北省西南部的利川市一带传唱，因此利川被称为《龙船调》的故乡。

热爱歌舞的土家族人喜爱一边观灯，一边歌舞。灯的种类繁多，有龙灯、狮子灯、彩龙船、蚌壳灯、地龙灯、花灯。《咸丰县志》（清同治版）记载："上九后，乡城有龙灯戏，杂以纸制狮子戏，及纸糊龙船、车子等戏，沿门舞蹈、唱歌。"目前，利川传统灯歌仍保留下近百首，《龙船调》无疑是其中最出名的一首。

《龙船调》创设了"妹娃"春节回家拜年，在过河的时候与艄公对答的情境，风趣地体现了当地人民大方泼辣的性格。其旋律起伏较大，音域较宽，节奏较自由，腔调高亢婉转，有很强的抒情性和感染力。

龙 船 调
（花灯调）

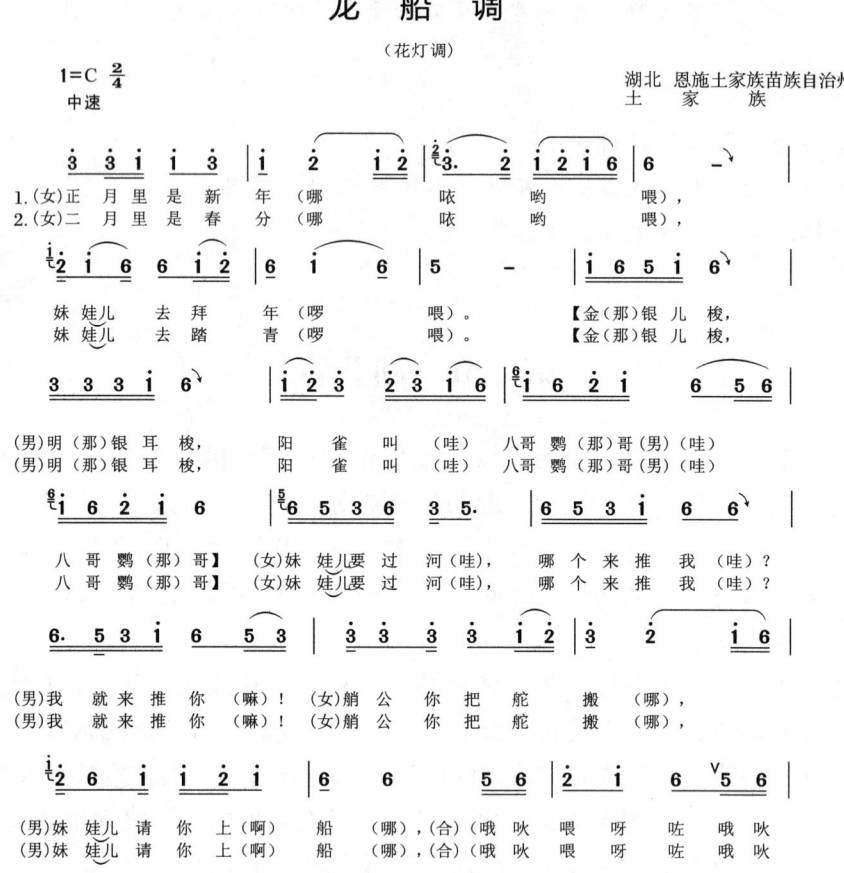

——乔建中《中国经典民歌鉴赏指南：下》

从音乐结构看，《龙船调》全曲为三段体（A-B-A）腔调，首尾乐段保持了较大的统一，中段速度加快，形成了对比。A段（1～7小节）为上下句结构，是全曲的主题乐句，上句为a羽调式，下句落在G徵调式上，形成羽徵调式的交替。B段（8～15小节）分为5小节衬句和3小节道白式的对话。这段的词曲为一字一音，节奏型转向以十六分音符为主的密集型，同第一乐段形成了较大反差，旋律围绕羽音往返，并伴有节奏型的重复，使音乐的情绪层层递进，生动而富有情趣。A（再现）段（16～24小节），旋律重新回到首段的抒咏风格，末句前的合腔"哦吙喂呀咋哦吙喂呀咋"则吸收了恩施地区放排号子和搬运号子中的音乐元素，使得音乐富有劳动号子的力度，生动形象地体现了土家族艄公划船的动作律动特点。

景点导航：恩施大峡谷

恩施大峡谷位于湖北省恩施市屯堡乡和板桥镇内，地处湘、渝、鄂三省交界处，是清江流域最美丽的一段。峡谷全长 108 千米，面积达 300 平方千米，有七星寨景区、云龙地缝景区两大核心景区以及实景剧《龙船调》表演。2015 年 7 月，恩施大峡谷被授予"国家 AAAAA 级旅游景区"称号，是湖北的十大旅游名片之一。因为天坑、地缝、绝壁、峰丛、岩柱群、溶洞、暗河等地质景观一应俱全，所以它又被称为"喀斯特地形地貌天然博物馆"，拥有众多旅游资源。

（二）《洪湖水浪打浪》

《洪湖水浪打浪》是由梅少山、朱本和、潘今阶、张敬安、欧阳谦叔作词，张敬安、欧阳谦叔作曲，王玉珍、傅凌演唱的歌曲，创作于 1958 年。它原本是湖北省实验歌剧团首演的歌剧《洪湖赤卫队》中一个场次的主题曲，在 1961 年歌剧被改编成同名电影后成了电影主题曲。1994 年，《洪湖水浪打浪》获得了"百歌颂中华"优秀纪念歌曲奖。

湖北地处中国南北交界地带，其民歌既有南方民歌的委婉流畅，又兼具北方民歌的高亢明亮。《洪湖水浪打浪》的音乐取自《襄河谣》（襄河是汉江的别称），是湖北民歌的象征。

《洪湖水浪打浪》反映了楚地的诸多民俗与艺术风情，也沿袭了《楚辞》中的骚体形式，句子参差不齐、灵动自由。它的歌词运用了通韵的押韵形式，分前八句和后六句两片，上片重写洪湖之景，下片重抒感恩之情。

《洪湖水浪打浪》中衬词的使用极具地方特色。民歌中的衬词一般来说没有实际的意义，但是对歌曲的节律变化、情绪的表达和地域风格的体现起到很大的作用。歌词中的衬词，如"洪湖水呀浪呀嘛浪打浪啊，洪湖岸边是呀嘛是家乡"，既使歌词口语化、生活化，营造出一种自然而绵延的情感氛围，又改变了歌词中原有的平仄，造成句中和句尾的回环韵律，使歌词显得悦耳和谐、活泼整齐，加上拖腔，结合婉转的旋律，使人深深感受到了演唱者对家乡爱得深沉与纯真。

知识链接：歌剧《洪湖赤卫队》

歌剧《洪湖赤卫队》讲述了 1930 年夏天，贺龙领导的红二军团在对敌斗争中暂离彭家墩，国民党保安团和当地湖霸彭霸天乘虚而入，地方革命武装洪湖赤卫队在韩英和刘闯的领导下，依托洪湖地区，与敌巧妙周旋，沉重打击了来犯敌人的故事。与同时期的歌剧相比，《洪湖赤卫队》的一个显著特征就是将民间音乐个性化、戏剧化，其中的唱段"洪湖水浪打浪"是湖北民歌与革命音乐的完美结合。

二、汉剧

汉剧俗称"二黄"，又有"楚剧""汉调"两种叫法，主要流行于湖北省内长江、汉水流域以及河南、湖南、陕西、四川部分地区，对湘剧、川剧、赣剧、桂剧、滇剧等剧种的形成与发展都有影响。清嘉庆、道光年间，湖北各城镇经济繁荣，商旅云集，会馆庙宇林立，戏楼遍布，汉剧戏班、科班亦随之兴起，为汉剧的兴盛和发展提供了条件。与此同时，汉剧流传到北京，进入徽班，逐渐融合演变而成京剧。

汉剧的主要声腔为"西皮""二黄"。汉剧唱腔除了以板腔体的西皮、二黄两类声腔为主外，还兼有歌腔、昆曲、杂腔、小调等曲调。在汉剧中，锣鼓不可或缺。它打法多样，分为大打、小打和串打。其中，串打配以马锣，节奏感强，气氛热烈。汉剧有十大行当：一生、二旦、三净、四末、五丑、六外、七小、八贴、九夫、十杂。

现存汉剧剧目有 660 多个，多是历史演义故事和民间传说，如《英雄志》《祭风台》《李密降唐》等。汉剧还有很多杂腔小调和丰富的曲牌。其中，专唱曲牌的剧目有《大赐福》《草场会》《五才子》等。下面以《宇宙锋》中的唱段"装疯"和《红色娘子军》中的唱段"一番话"为例，对汉剧展开详细分析。

（一）《宇宙锋》中的唱段"装疯"

《宇宙锋》是中国戏曲的传统剧目，梅兰芳（京剧）、陈素真（豫剧）、陈伯华（汉剧）三位大师表演的《宇宙锋》并称为"宇宙三锋"。

剧情大致如下：相传秦二世有一把削铁如泥的宝剑，名为"宇宙锋"，秦二世将它赐给了功勋卓著的大臣匡洪。权臣赵高与匡洪虽然一殿为臣且是儿女亲家，但是赵高因此事对匡洪不满。赵高遣人盗取了匡家所藏的"宇宙锋"宝剑，持剑行刺秦二世以嫁祸。秦二世震怒，抄斩匡家满门。匡洪子匡扶出逃，其妻子赵艳容（赵高的女儿）回赵家独居。秦二世见赵艳容貌美，欲立其为嫔妃。赵艳容既恨父亲诬陷匡家，又恨秦二世荒淫无道，断然拒绝。在侍女哑奴（有的剧为哑乳娘）的帮助下，赵艳容假装疯癫，以抗强暴。

在"装疯"这一唱段中，表演者运用身段、步法、语言，尤其是表情，非常传神地演绎了一位疯疯癫癫的女子形象，体现了表演者深厚的基本功。

（二）《红色娘子军》中的唱段"一番话"

《红色娘子军》是武汉汉剧院 20 世纪 70 年代从京剧样板戏移植的一部经典革命现代戏，该剧在当时曾轰动全国戏剧界，是革命现代戏的经典之作，可与京剧样板戏相媲美。

该剧讲述了孤儿吴清华由一个地主家的奴隶成长为革命战士的故事。孤儿吴清华在地主南霸天家做奴隶，逃跑时被打得昏死过去，是洪常青将她救起，指引她投奔解放区，加入了红色娘子军。南霸天勾结国民党匪军卷土重来，红军大部队迁回作战，红色娘子军接受了阻击敌人的任务。任务完成后，在撤离中洪常青带领几个战士断后，但洪常青不幸被俘牺牲。上级党委任命吴清华接任红色娘子军党代表职务，吴清华接过先烈留下的红旗，决心为彻底解放全人类奋斗到底。

"一番话"这一唱段是吴清华的唱段。吴清华擅自开枪,造成剿匪计划未能圆满完成,在受到连长和党代表洪常青的教育之后,豁然开朗,认识到了自己的错误。从此,她不再纠结于自身的仇恨,而是把目光放在了解放更多的劳苦大众上。

知识链接1:陈伯华

陈伯华(1919—2015),女,湖北武汉人,湖北汉剧旦角,一级演员,曾任武汉汉剧院院长、湖北省戏剧家协会副主席、中国戏剧家协会理事等。代表作有《宇宙锋》《二度梅》《柜中缘》《三请樊梨花》等,著有《陈伯华唱腔选》《陈伯华的舞台艺术》《陈伯华回忆录》。

知识链接2:曾侯乙编钟

曾侯乙编钟是战国早期曾国国君的一套大型礼乐重器,为国家一级文物,1978年在曾侯乙墓出土,现藏于湖北省博物馆,为该馆"镇馆之宝"。曾侯乙编钟钟架长748厘米,高265厘米,全套编钟共65件,分三层八组悬挂在呈曲尺形的铜木结构钟架上,其中最大钟通高152.3厘米,重203.6千克。每件钟均能奏出呈三度音阶的双音,全套钟12个半音齐备,可以旋宫转调。音列是如今通行的C大调,能演奏五声、六声或七声音阶乐曲。

曾侯乙编钟的出土改写了世界音乐史,是中国迄今发现数量最多、保存最好、音律最全、气势最宏伟的一套编钟,代表了中国先秦礼乐文明与青铜器铸造技术的最高成就,在考古学、历史学、音乐学等多个领域产生了巨大的影响。

课后习题:

1. 你认为湖北最有影响力的歌曲是什么,请唱一唱它的主题句。
2. 汉剧的代表人物是谁?请谈谈其主要成就。
3. 自主查阅曾侯乙编钟的相关资料。

第三节 湖南省

湖南省,简称"湘",省会为长沙市,东临江西、西接重庆、贵州,南毗广东、广西,北与湖北相连。这里具有丰富的旅游资源,包括张家界风景区、岳阳楼—君山景区、韶山风景名胜区等。湖南自古盛植木芙蓉,五代时就有"秋风万里芙蓉国"之说,因此又有"芙蓉国"之称。唐朝谭用之以诗句"秋风万里芙蓉国"咏之,毛泽东更是用"芙蓉国里尽朝晖"赞美湖南。

湖南省也是少数民族较多的省份,主要有土家族、苗族、瑶族、侗族等少数民族,各族民歌源远流长,浩如烟海。除了这些民歌外,湖南省还有花鼓戏、湘剧、祁剧、辰河戏等剧种。近些年,湖南省的旅游演艺也发展得如火如荼,有张家界《天门狐仙·新刘海砍樵》《魅力湘西》、凤凰古城《边城》、韶山《中国出了个毛泽东》等作品。这些作品大量地采用了湖南民间音乐作为素材,甚至直接使用某一首民歌,充分体现了湖南省的文化特色。

一、湖南民歌

湖南民歌,时而高亢,时而婉转,时而诙谐,时而泼辣,从不同的方向和角度反映着湖南人民的思想、感情、理想和愿望。湖南民歌不仅有美丽动人的歌词,还有清新脱俗的曲调,能表达出各种不同情感。代表作有《一根竹竿容易弯》《马桑树儿搭灯台》《八百里洞庭美如画》。

(一)《一根竹竿容易弯》

《一根竹竿容易弯》又名《一根竹竿》,是一首典型的湖南民歌。早在20世纪70年代,我国著名女高音歌唱家李谷一就曾多次演绎此民歌,并灌制唱片。20世纪80年代,李谷一又将此曲收录在专辑《凤阳花鼓》里,并在1983年中央电视台春节联欢晚会上演唱了这首歌曲。

一根竹竿容易弯

——周耘《中国传统民歌艺术》

这首民歌中出现了具有独特湖南民歌风格的"微升徵"音,就是在某些含有"sol"音的位置实际演唱的音高略高一些,使其具有了鲜明的湖南民歌色彩。

此民歌用平实朴素的语言讲述了"团结就是力量"这个道理,是一首富含伦理道德内容的歌曲。其歌词风趣幽默,旋律轻松活泼,不仅具有号召大家齐心协力共同奋斗的作用,也具有深远的教育意义。

(二)《马桑树儿搭灯台》

《马桑树儿搭灯台》是中国非物质文化遗产桑植民歌中的代表性曲目,也是中国民歌宝库中的经典之作。

马桑树儿搭灯台

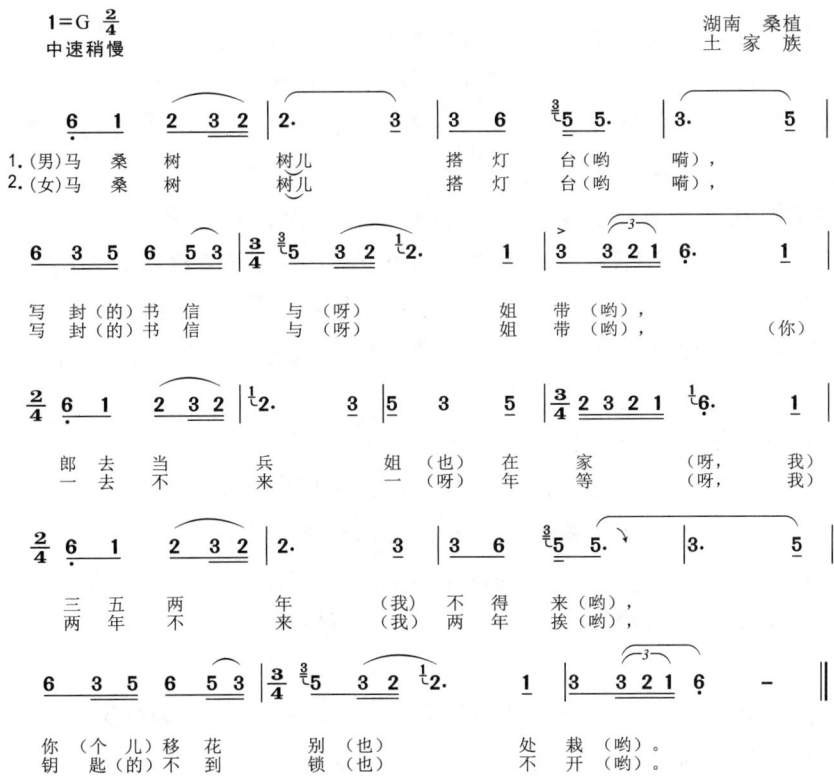

——乔建中《中国经典民歌鉴赏指南:下》

马桑树和灯台树是两种截然不同的树,但灯台树常常攀附在马桑树上,枝丫紧紧缠绕。因此,土家族人用马桑树和灯台树的意象来表现男女缠绵、生死相依、不离不弃的绵绵情意。

《马桑树儿搭灯台》语言纯朴,感情真挚。从曲调看,它是建立在五声羽调式基础上的民歌。整首歌曲共五句,句与句之间连环相扣的旋律就像缠绵不断的情丝从心底流出,表现了夫妻两个至死不渝的纯洁爱情。

知识链接:白诚仁

白诚仁(1932—2011),男,四川成都人,国家一级作曲家,1953年考入东北鲁迅文艺学院(后相继改名为东北音乐专科学校和沈阳音乐学院)声乐系学习,1955年10月被分配到湖南省歌舞团工作。《挑担茶叶上北京》《洞庭鱼米乡》《小背篓》等都是他的作品。

虽然他是四川人，却把自己的毕生精力都投入湖南省的民族音乐事业中，并将自己的灵魂融入了湖南的三湘四水。他所创作的作品不仅题材都来自湖南的历史文化、地方民俗，音乐也来自他多年深入湖南民间各地采风的成果。可以说，他是"湖南人民的音乐家"。

（三）《八百里洞庭美如画》

《八百里洞庭美如画》的词作者于沙是湖南省作家协会专业作家，他发表了散文诗1000余首、歌曲140余首。他的论文《我把歌词当诗写》在中国词坛有较大的影响力。曲作者是孙桂庆，任职于湖北省群众艺术馆，是中国音乐家协会会员。著名歌唱家张也、郁钧剑、曾勇等都演唱过这首歌。

洞庭湖主要在湖南省内，湖南也因处在洞庭湖之南而得名。"湖湘儿女"代指湖南人民，其中的"湖"就指的是洞庭湖，古今闻名的岳阳楼就矗立在洞庭湖边。洞庭湖之名始于春秋战国时期，因湖中的洞庭山（君山）而得名。洞庭湖自古就号称"八百里洞庭"，是中国传统农业的发祥地，是著名的鱼米之乡，是湖南省乃至全国重要的商品粮油基地、水产和养殖基地。

唐朝诗人刘禹锡有一首著名的诗《望洞庭》：

> 湖光秋月两相和，潭面无风镜未磨。
> 遥望洞庭山水翠，白银盘里一青螺。

此诗描写了秋夜月光下洞庭湖的优美景色。微波不兴，平静秀美，分外怡人。诗人以清新的笔调生动地描绘出洞庭湖水宁静、祥和的朦胧美，勾画出一幅美丽的洞庭山水图。

孟浩然的诗句"气蒸云梦泽，波撼岳阳城"更是描写出了洞庭湖磅礴的气势。

明末清初女诗人姚淑在《过洞庭湖》中写道：

> 一入洞庭湖，飘飘身似无。
> 山高何处见，风定亦如呼。

除了上述诗句以外，还有很多著名的诗篇刻画了洞庭湖的壮阔场景，从不同的角度展现了洞庭湖如画的美景。

在这首歌曲的唱词中，作者抓住了"柳树""芦苇""大雁""渔歌""荷花""禾苗""油菜花""谷堆"等意象，将洞庭湖的自然风光之美以及鱼米之乡的富足之美表现出来，随之用"花园""天堂"作比较，表达湖南人民对自己家乡的深情赞美。

歌曲的开头运用了洞庭渔歌自由悠长的抒情曲调，舒展高亢，似乎洞庭湖渔民撑着船儿在湖面上纵情放歌，歌声在湖面荡漾回响，一直传到遥远的天际。歌曲为徵调式，在中间部分巧妙地转向了上方四度调，曲调仍然来源于之前的素材，使得歌曲的素材既高度统一，又有很好的对比效果。歌曲的旋律具有湖南传统民歌中高腔山歌的特点，听起来充满湖南人特有的豪迈和豁达，别有韵味。

知识链接：张也

张也（1968年5月28日—），女，出生于湖南长沙，中国著名女高音歌唱家，一级演员，中国音乐学院声乐歌剧系教师，中国音乐家协会理事，中国文艺志愿者协会理事，中国音乐家协会第九届副主席。她于1982年考入湖南省艺术学校（2002年，湖南省艺术学校与湖南省电影学校合并，升格为湖南艺术职业学院）花鼓科，1986年考入中国音乐学院声乐系，师从金铁霖教授，1995年获声乐硕士学位。她还曾获得第三届全国青年歌手电视大奖赛专业组民族唱法三等奖、"金龙杯"全国优秀歌手邀请赛金奖、中国金唱片奖等多个奖项。她演唱的《万事如意》《高天上流云》《走进新时代》《看山看水看中国》《幸福中国一起走》等歌曲脍炙人口，广为流传。作为文化使者，她曾多次代表国家出访世界各地，深受海内外观众的喜爱。张也的声音甜美、演唱功力深厚、演唱风格独特，她被称为"在当代中国歌坛独树一帜的歌唱家"。

二、湖南花鼓戏

湖南花鼓戏是湖南省各地花鼓戏流派的总称，由于流行地区不同而有长沙花鼓戏、岳阳花鼓戏、衡州花鼓戏、邵阳花鼓戏、常德花鼓戏、永州花鼓戏六大流派之分。虽然六大流派由于各地语言、风俗的差异形成了各自不同的艺术风格，但它们采用的主奏乐器都是"花鼓大筒"，这也是各花鼓流派均同属湖南花鼓戏的重要体现。

长沙花鼓戏是湖南花鼓戏六大流派之首，是湖南花鼓戏的代表。狭义的"湖南花鼓戏"即指"长沙花鼓戏"。长沙花鼓戏的声腔分为"川调"、"打锣腔"和"小调"三大类。前两类称为"正调"，有较固定的声腔格式、旋律特点；后一类的旋律、节奏、调式都变化较大。

湖北、安徽、江西、河南、陕西等省亦有同名的地方剧种。但是在众多名为"花鼓戏"的地方戏曲剧种中，湖南花鼓戏流传最广、影响力最大。在中华人民共和国成立后，湖南花鼓戏有了较大发展，其中《刘海砍樵》《双送粮》等剧目深受全国各地人民群众的喜爱。

（一）《刘海砍樵》

《刘海砍樵》是传统的花鼓戏剧目，讲的是勤劳勇敢的樵夫与美丽善良的狐仙的故事。樵夫刘海和狐仙秀英身上所体现出来的正直、勤劳、孝顺等美德以及追求美好爱情和幸福生活的愿望，真实地表达了劳动人民向善向美的精神诉求。本剧人物形象丰满，故事情节生动，书写了一部可歌可泣的爱情史。

《刘海砍樵》由四段川调（西湖调、十字调、十字调、比古调）和两段小调（采莲船调、望郎调）组成。其中，比古调是后来形成的新调，唱词中"我这里将海哥好有一比呀"和"你把我比作什么人啰"上下两句唱词套用了"安童调"，因这段词是用古人来比喻，后形成的这个新调就被称为"比古调"。

这个唱段主音结束在 do 上，属于宫调式，从整段音乐看，主要围绕两组三音调来构成旋律，一组是"1""3""5"的三音组，另一组是"6""1""3"的三音组，使得旋律既有明朗幽默的特点，又不失婉转和细腻。唱词中上下句相互呼应，宫徵相对，剧中对唱多是男声落在宫音上，女声落在徵音上，由此形成一唱一和。

（二）《浏阳河》

《浏阳河》中熟悉的旋律经过数代人的传唱，回荡在历史的每一个角落，激励着一代又一代人奋勇前进。该歌曲的曲调优美婉转，带着浓郁的湖湘风情，已经成为浏阳的一种文化符号。

这首传世之歌最初是湖南花鼓戏《双送粮》中的唱段。1950年湖南土改运动期间，词作者徐叔华在田头采风的时候，被那种高昂的生活激情所感染，于是创作了花鼓戏《推土车》（后改名为《双送粮》）。

《浏阳河》不仅作为歌曲被广泛传唱，还先后被改编为钢琴曲、民族器乐合奏曲等。如今，这首歌曲已成为浏阳的代表性民歌。

《浏阳河》中的两段歌词采用一问一答的形式，曲调采用中国五声民族音阶，徵调式，听起来朗朗上口、绵延不绝，就像奔流不息的浏阳河一样，表达了人民对毛泽东的深情怀念。

知识链接：湖南省实景旅游演艺

湖南省旅游资源丰富，武陵山区、洞庭湖、韶山等地区都有大型的实景演出。常德的《桃花源记》、张家界的《魅力湘西》《天门狐仙·新刘海砍樵》、宁乡的《炭河千古情》、凤凰的古城《边城》、韶山的《中国出了个毛泽东》等在国内旅游演艺界占据了重要的地位以及市场份额。这些旅游演艺作品不仅极大地开阔了游客的视野，丰富了旅游内涵，也起到了宣传地方文化，打造旅游IP的重要作用，成为不容忽视的文化现象。

课后习题：

1. 谈谈你在对比欣赏不同版本的《八百里洞庭美如画》后，有什么发现和感想。
2. 在几首湖南民歌中选择一首进行学唱。
3. 你对湖南省的旅游演艺有什么样的看法，请自主了解其他演艺项目，并进行整体评述。

第五章 华南地区

华南地区位于中国南部，包括广东省、广西壮族自治区、海南省、香港特别行政区、澳门特别行政区。华南地区各省（区）人民以汉族为主，主要由南迁的中原移民构成。华南地区包括"南越""西瓯""骆越"。自秦朝统一中国后，随着中原移民不断南迁，百越部落除了一部分和南迁的中原人融合外，大部分迁入山区或往外迁徙，衍化为壮族、瑶族、黎族、布依族、傣族、侗族、畲族、仡佬族、毛南族、京族、仫佬族、水族等少数民族，其中南越部落衍化为广东地区的壮族、瑶族、畲族。

华南地区的文化称为岭南文化，涵盖学术、文学、绘画、书法、音乐、戏曲、工艺、建筑、园林、民俗、宗教、饮食、语言、侨乡文化等众多内容。从地域看，岭南文化分为广东文化、桂系文化和海南文化三大块，其中广东文化又分为广府文化、客家文化和潮汕文化等。历史上，在汉民族的形成和发展，在维护国家统一、民族团结等方面，岭南文化都做出了不可磨灭的贡献，在中华民族文化的发展史上居于重要地位，起着重要作用。广东的咸水歌、粤剧，海南的琼剧、崖州民歌，广西的壮剧、桂剧、彩调剧都可以说是岭南音乐文化的代表。

第一节　广东省

广东省，简称"粤"，省会为广州，位于南岭以南，南海之滨，与香港、澳门、广西、湖南、江西及福建接壤，与海南隔海相望。广东是中国的南大门，处在南海航运枢纽位置上，早在3 000多年前就已经形成以陶瓷为纽带的贸易交往圈，并通过水路将其影响扩大到沿海和海外岛屿。

广东是岭南文化的重要传承地，在语言、风俗、历史文化、音乐文化等方面都有着独特风格。其中，广东民歌和粤剧非常具有代表性。下面对广东音乐和粤剧展开详细分析。

一、广东民歌

（一）粤东渔歌

粤东渔歌是流行于广东东部沿海地区疍家渔民中间的一种传统民歌，它和其他传统民歌体裁一样，大都是七字句。粤东渔歌以汕尾渔歌最为出名。由于渔民有自己的方言、歌唱音律和节奏，加上是表现渔区的生活，因此形成了别具一格的传统民歌——渔歌。在惠东县沿海一些地方，渔民把渔歌称为畲歌，这大概是因为疍家和畲族人民长期互相交往，所以把两种不同内容、风格的民歌名称联在一起了。

渔歌有深海渔歌与浅海渔歌之分。粤东渔歌大多是浅海渔歌，只有少量是深海渔歌。深海渔歌多是在海上生产时的对唱，有同船对唱，也有隔船对唱。由于要冲破风声、浪声的干扰，因此曲调较高亢，节奏较坚实，旋律线条朴素清晰。浅海渔歌则多在岸上唱，且多是渔家妇女在织网、摆渡、操作家务或婚丧时歌唱，所以曲调较优美婉转，节奏也较自由、多变。

由于渔民特定的生活环境、劳动方式以及语言习惯等，渔歌的曲调具有独特的色彩。粤东渔歌的调式多为传统的五声音阶，"徵""宫"两种调式最多，"角""羽"次之。在曲调进行中，调式中的"4"音（唱时多升高1/4度）和"3"音经常被强调使用。由于"4"音唱起来与粤东沿海语调非常吻合，"3"音则非常清澈明亮，所以"4"与"3"两音会使曲调更加明亮，显得格外优美、清新，好像置身于海洋，使人产生海阔天空之感。渔歌曲调多用二四拍子，节奏平稳而舒展，好像是在划船摆渡，又好似驰骋于辽阔的海疆。比如，海丰县的《织网歌》和惠东县的《呵呵香调》等歌曲。曲调的旋律进行多为音阶式的级进和小跳，偶尔间有大跳，级进的一列音多是调性色彩很浓的主和弦音。在歌词的创作上，渔歌曲调经常在结束句中使用衬字运腔和重复结束乐句音型，不断地强调曲调的主音，加上渔民在演唱中对渔歌曲调进行"滑头"和"喷口"等独特的润饰和处理，更使渔歌具有渔民生活的独特情调和色彩。《斗歌》就是流传于广东沿海的一首渔歌。

斗 歌

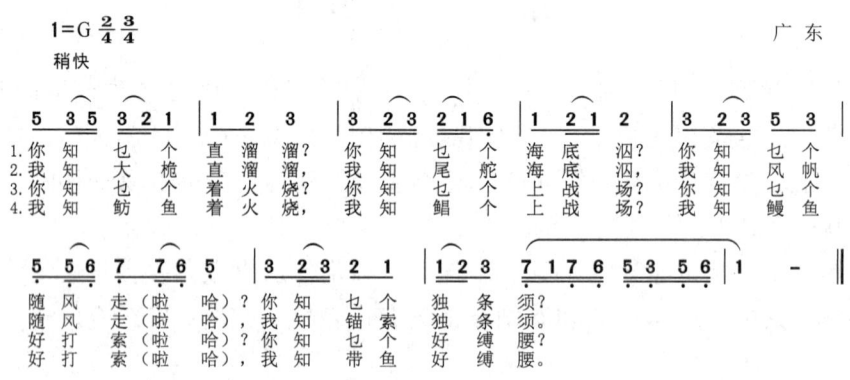

——周耘《中国传统民歌艺术》

（二）中山咸水歌

中山咸水歌，又称咸水叹、叹哥兄、叹姑妹，主要流行于广东省中山市，是国家级非物质文化遗产之一。咸水歌是疍家人自娱自乐的一种歌唱形式。自古以来，疍家人浮家泛宅，不断从四面八方来到珠江口沿海一带的冲积平原，散居在中山、珠海、顺德等沿海地带和河网地带。咸水歌主要包括长短句咸水歌、高棠歌、大缯歌、姑妹歌和叹家姐等,具有代表性的作品有《对花》《海底珍珠容易揾》等。

中山咸水歌广泛使用衬词,而且不同地区、不同歌手对衬词有不同的处理,以更好地表达情感。衬词用"啊咧""啊啰",衬句多用"妹好啊咧""弟好啊咧",歌唱的即兴性很强,随字求腔;用"哥""妹"等称谓作为引子,结尾也以称谓结束,具有一定的人情味。

中山咸水歌歌词为上下句结构,每句字数较自由,同节(上下句)同韵,换节可以转韵。《对花》是广东中山市"咸水歌"的代表性曲目,它与北方地区的"对花体"民歌有一些共同的问句方式,独特的是对歌者相互之间的称谓和旋律进行,如"妹好啊咧""弟好啊咧"出现了多次,加上"好妹啊啰""好弟啊啰"两个衬句,大大增加了歌曲的地方色彩。

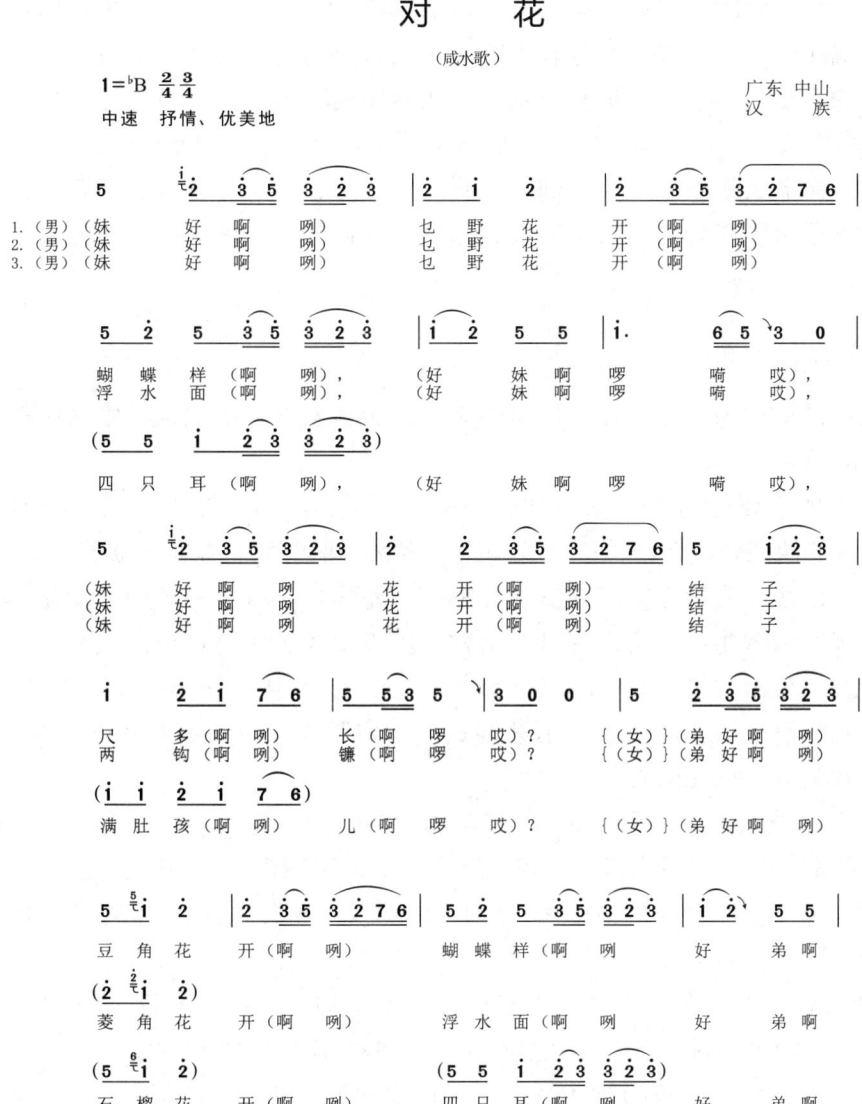

```
       i.  6 5 3 0 | 0  0 | 5  2 3 5 3 2 3 | 2   2 3 5  3 2 7 6 |
   啰   嗨  哎),    (弟 好 啊 咧)   花 开(啊   咧)
   啰   嗨  哎),    (弟 好 啊 咧)   花 开(啊   咧)
   啰   嗨  哎),    (弟 好 啊 咧)   花 开(啊   咧)

       5   1 2 3 | 1   2  1 7 6 | 5 5 3 5  | 3  0  0 ||
   结   子    尺    多(啊 咧)   长(啊 啰    哎)。
   结   子    两    钩(啊 咧)   镰(啊 啰    哎)。
   结   子   满肚   孩(啊 咧)   儿(啊 啰    哎)。
```

——乔建中《中国经典民歌鉴赏指南：上》

中山咸水歌有长句、短句两种形式，有不同的曲调和拉腔，并有独唱、对唱两种演唱形式。它一般由上句和下句组成，是单乐段体。这种单乐段体多数用在独唱或问答式的对唱曲中。中山咸水歌也有由四个乐句组成的复乐段体。有时因为歌头、衬词或者叙事的需要，会把乐段扩充或延长，从而构成不拘一格的自由体，如"长句咸水歌"或叙事形式的长诗，但其结构基本还是以四句为一乐段的复乐段体。

中山咸水歌大量运用比喻、起兴、直叙、重复、对比、夸张、序列、押韵等修辞手法，广泛使用含变宫音的六声徵调式音阶，音调高，跨度大，节奏慢，拖音长，具有连贯性。

（三）客家山歌

客家山歌被称为有《诗经》遗风的天籁，用客家方言演唱，是中国民歌中较为情浓的一种歌谣。

客家山歌主要分布于广东深圳、河源、梅州、惠州、韶关，江西赣州，福建龙岩、三明，广西贺州，台湾等地区及国内外客家人聚居地。客家山歌的曲调各地不同，即使是同一地区，曲调也因不同歌手演唱而有差异。它有多种腔调的变化，并有不同的名称。客家山歌曲调丰富，有号子山歌、正板山歌、四句八节山歌、快板山歌、叠板山歌、五句板山歌等。其中相当一部分是情歌的内容，两人对唱或多人唱和以抒发胸中畅意和排解心头苦闷。客家山歌调式多为羽调式和徵调式，羽调式为 la-do-re-mi，徵调式为 sol-la-do-re。

号子山歌：亦称"山歌号子"，多采用"哟嗬哈"等衬词，只有一个长乐句，在高音区相邻两三个音之间进行，散板，节奏自由，用假声唱，声音高亢。

正板山歌：也叫"四句板山歌"，由四个乐句组成，结构工整对称，是客家山歌中流传较广泛的一种曲式。

四句八节山歌：歌词四句，八节是指八个乐句，是把一句歌词分为两个乐句来唱，词中夹以较多的衬词。其曲调是在正板山歌的基础上发展而成的。

快板山歌：也叫急板山歌，歌词无衬词，曲调无拖腔。它是用正板山歌的曲调，把节奏紧缩，将速度加快来演唱。

叠板山歌：亦称"叠字山歌"，歌词中插上较多的叠字叠句，有时多达数十字。其曲调的开头与结尾基本保留正板山歌的特点，中间则由于采用叠字叠句而扩充了曲调，演唱时近似数板。

五句板山歌：歌词为七字五句，曲调是正板山歌的扩充。

广东最出名的山歌当数梅州客家山歌，它具有岭南音乐的特色，旋律高亢，节奏较自由，充满浓郁的山歌风味，颇富情趣。

二、粤剧

粤剧源自南戏，是以明清时期流入广东的海盐腔、弋阳腔、昆山腔、梆子腔等为基础，并吸收珠江三角洲的民间音乐而形成的。它发源于佛山，以粤语演唱，是汉族传统戏曲之一。

粤剧为多声腔剧种。其唱腔结构体制主要为板腔体，兼有曲牌体；其声腔有梆子、二黄、高腔、昆腔、专腔、歌谣、杂曲等，其中梆子、二黄为基本声腔，习称"梆黄"。这里对梆子、昆腔、歌谣进行具体介绍。

梆子：其唱腔特点是以梆击节，高亢激昂。击节之梆，也称"析古"，南方叫"木鱼"。早期以梆（也称"木鱼"或"卜鱼"）、笛（唢呐、竹笛）、二弦伴奏，称为"梆笛组合"。打击乐器用"大锣鼓"，又称"高边锣鼓"。

昆腔：粤剧习称"昆牌子"。早期的昆牌子不少是从昆曲中直接吸收过来的。昆牌子词格多为长短句，也有七字句和十字句，但数量不多。粤剧中，今尚保留近百支高昆牌子，它们都有一定的曲词和锣鼓伴奏程式，但都已脱离了原来剧目而被单独使用。原有牌名遗失较多，常以唱词首句称呼或套用其他牌名代之。其常用调式有商调、角调、羽调，均为五声音阶。

歌谣：有"木鱼""龙舟""南音""粤讴""板眼""芙蓉"等。

另外，粤剧原有末、生、旦、净、丑、外、小、夫、贴、杂十大行当，后精简为文武生、小生、正印花旦、二帮花旦、丑生、武生六大类。粤剧表演带有质朴粗犷的特色，有单脚、滑索、运眼、小跳、拗腰等绝技。其武打以南派武功为基础，靶子、手桥、少林拳及椅子功和高台功十分出色。

粤剧配合不同的角色有不同演唱的方式，包括平喉和子喉。平喉是平常说话的声调，一般男性角色（如小生）采用平喉演唱；子喉则比平喉的调子高了八度，男性常常用子喉来扮演女性角色。同时，粤剧会吸收不同地方的独特唱腔，如南音、木鱼、粤讴及板眼等广东民间说唱艺术的唱腔。

粤剧的传统剧目早期主要有《一捧雪》《二度梅》《三官堂》《四进士》《五登科》等所谓"江湖十八本"，后又出现《黄花山》《西河会》《双结缘》《雪重冤》等"新江湖十八本"和《苏武牧羊》《黛玉葬花》等"大排场十八本"。其他代表性剧目还有《白金龙》《火烧阿房宫》《平贵别窑》《宝莲灯》《罗成写书》《凤仪亭》等。

知识链接1：粤剧《帝花女》剧情介绍及唱段"香夭"欣赏

【粤剧《帝花女》剧情】

　　崇祯皇帝长女长平公主在十五岁时，奉皇帝之命在乾清宫前连理树下选婿，被许配给太仆之子周世显。时当明朝末年，闯王李自成攻入北京，皇城遂破；崇祯皇帝手刃众皇女后，自缢于煤山。长平公主虽被崇祯皇帝砍杀，却未至气绝，被周钟救了回家。后来，清军灭了闯军，在北京立国。长平公主知悉周钟欲向清朝投降，悲伤不已，后来得到周钟之女周瑞兰及老尼姑的相助，冒替已故的女尼慧清之名，避居在维摩庵中。周世显偶至维摩庵，遇上扮作女尼的长平公主，大为惊愕，几番试探，长平公主才肯重认周世显，并相约当晚在紫玉山房会面。此事为清帝知悉，勒令周钟威逼利诱周世显，使其与长平公主一同返宫。夫妻二人为求清帝善葬皇父崇祯，释放皇弟，于是佯装返宫，并在乾清宫前连理树下重新交拜，然后双双自杀殉国。

【《帝花女》唱段"香夭"欣赏】

　　诗白：（女）倚殿阴森奇树霜。

　　（男）明珠万颗映花黄。

　　（女）如此断肠花烛夜。

　　（男）不须侍女伴身旁，下去。

　　（侍女）知道。

　　（女）落花满天蔽月光，借一杯附荐凤台上。帝女花带泪上香，愿丧生回谢爹娘，偷偷看，偷偷望，渠带泪带泪暗悲伤。我半带惊惶，怕驸马惜鸾凤配，不甘殉爱伴我临泉壤。

　　（男）寸心盼望能同合葬，鸳鸯侣相偎傍。泉台上再设新房，地府阴司里再觅那平阳门巷。

　　（女）唉！惜花者甘殉葬，花烛夜难为驸马饮砒霜。

　　（男）江山悲灾劫，感先帝恩千丈，与妻双双叩问帝安。

　　（女）唉！盼得花烛共偕白发，谁个愿看花烛翻血浪。唉！我误君累你同埋孽网，好应尽礼揖花烛深深拜。再合卺交杯墓穴作新房，待千秋歌赞注驸马在灵牌上。

　　（男）将柳荫当作芙蓉帐，明朝驸马看新娘，夜半挑灯有心作窥妆。

　　（女）地老天荒情凤永配痴凰，愿与夫婿共拜相交杯举案。

　　（男）递过金杯慢咽轻尝，将砒霜带泪放落葡萄上。

　　（女）合欢与君醉梦乡。

　　（男）碰杯共到夜台上。

　　（女）唉！百花冠替代殓装。

　　（男）驸马珈坟墓收藏。

　　（女）相拥抱。

　　（男）相偎傍。

　　（合）双枝有树透露帝女香。

（男）帝女花。

（女）长伴有心郎。

（合）夫妻死去树也同模样。

知识链接2：广东音乐

广东音乐又称粤乐，原流行于珠江三角洲一带，其前身主要是粤剧过场音乐和烘托表演用的小曲，约在20世纪初期，发展为独立演奏的器乐曲，流传到外地后，被称为广东音乐。20世纪20—30年代是广东音乐的兴盛时期，出现了许多专业的作曲家和演奏家，如何柳堂、吕文成、易剑泉、尹自重等。1926年，受江南丝竹影响，吕文成将二胡引入香港、澳门，并改用钢丝琴弦，移高定弦，创制了发音清脆明亮的粤胡（又称"高胡"），后又加入扬琴、秦琴，并以高胡为主奏乐器，此为"三件头"，也称"软弓"。后来在"三件头"的基础上加入洞箫、笛子、椰胡等丝竹乐器，使乐队进一步扩大，大约在1930年定型。这一时期的代表曲目有何柳堂的《赛龙夺锦》《鸟惊喧》《醉翁捞月》《七星伴月》、吕文成的《步步高》《平湖秋月》《醒狮》《岐山凤》、尹自重的《华胄英雄》及易剑泉的《鸟投林》等。

课后习题：

1. 广东的民歌主要有哪几种类型？请说出代表作品。
2. 粤剧的唱腔主要有哪些？跟海南的琼剧有什么异同点？
3. 简要概括广东音乐的艺术特点。

第二节　广西壮族自治区

广西壮族自治区，简称"桂"，省会为南宁市，位于中国华南地区，东接广东，南临北部湾并与海南隔海相望，西与云南毗邻，东北接湖南，西北靠贵州，西南与越南接壤。广西有壮族、汉族、瑶族、苗族、侗族、仫佬族、毛南族、回族、京族、彝族、水族、仡佬族12个世居民族，沿海港口资源、海洋生物资源、滨海旅游资源丰富，是中国对外开放、走向世界的重要门户。

广西音乐是中国民族民间音乐文化的重要组成部分，其资源丰富，除了民歌外，还有桂剧、桂南采茶戏、壮剧、彩调剧、邕剧、苗剧、毛南剧、壮族提线木偶戏、壮族师公戏等。下面对广西民歌和桂剧进行详细介绍。

一、广西民歌

广西民歌是广西民族文化中最具特色的文化符号之一，其不但数量庞大，而且优美动听，流传广泛，影响深远。广西壮族民歌特别发达。壮族人无论男女，从四五岁时就开始学唱山歌，父教子，母教女，形成了幼年学歌、青年唱歌、老年教歌的习俗。

在农村，无论是下地种田、上山砍柴，还是婚丧嫁娶、逢年过节、青年男女间的社交或恋爱等，都用歌曲来表达。有些地方甚至家庭成员之间的对话、吵架有时也以歌代言。唱歌几乎成为壮族人民生活中不可缺少的内容，人人能歌，个个会唱。历史上，广西还涌现出不少像刘三姐、黄三弟这样被称为"歌仙""歌王"的歌手。

从音乐特征看，壮族民歌可以分为单声部和多声部两类。壮族单声部民歌大多由两个或者四个乐句构成，常用徵调式、羽调式、宫调式、商调式，主要采用五声音阶和四音音列，三音音列也常见。壮族多声部民歌包括二声部民歌和三声部民歌两类，并且各地不同，歌腔有100多种，遍及广西多个地区，其中以百色、柳州、河池、南宁等几个地区流传较为广泛。在壮族聚居的村寨，到处都可以听到具有独特风格的二声部和三声部民歌，各声部之间围绕着主旋律，时而平行，时而交叉，高低相衬，跌宕起伏，悦耳动听。

知识链接：歌圩节

歌圩节是广西壮族一种群众性的唱歌活动，也是酷爱唱歌的壮族人民比歌赛智的传统节日。歌圩是壮族人民在特定的时间、地点举行的节目性聚会，它是以对歌为主的民俗活动。

三月三歌圩是在农历三月三举行的节日歌会。为了弘扬优秀的民族文化，满足广大壮族群众的愿望，1983年广西壮族自治区人民政府决定将每年农历三月初三定为壮族歌圩节，并在南宁、柳州、桂林等地举行歌圩节盛会。

歌圩节这天，在广西壮乡的崇山峻岭，在蜿蜒曲折的山村道路上，成千上万的壮族人边唱边走，从四面八方汇集歌场。女子三五成群，男子四六成队，这一组用歌声向另一组挑战，那一对同这一对唱答，歌声四起，此起彼伏，非常热闹。一对对壮族青年男女在悠扬的对歌声中相互倾诉爱慕之情。对歌往往从白天唱到夜里，从深夜唱到天亮。歌手思维敏捷、出口成章，显示出了壮族儿女的智慧和才能。

二、桂剧

桂剧是广西很有特色的戏曲剧种之一，流行于广西桂林市、柳州市、贺州市、河池市一带及梧州市部分地区，涉及湖南南部地区与广东西北隅。

桂剧剧目数量丰富，有"大小本杂八百出"之说，《打金枝》《烤火下山》《断桥会》《抢伞》《穆桂英》《闹严府》《合凤裙》《李逵夺鱼》《泗水拿刚》《排风演棍》《刘青提》《盗甲》等是其中的代表性剧目。

桂剧汲取祁剧、京剧、昆曲等剧种的声腔和表演艺术，唱做念舞并重，以唱工细腻、做工传神著称。其声腔音乐属板腔体，以弹腔为主，兼唱高腔、昆腔、吹腔及杂腔小调。弹腔分南路和北路两大系，北路高亢雄壮，南路委婉低沉，其反调形式"阴皮"和"背弓"也都自成体系。

桂剧用桂林方言演唱，声调优美。伴奏乐队分为文场、武场，前者使用二弦、月琴、三弦、胡琴、曲笛、梆笛、唢呐等，后者则使用脆鼓、战鼓、大堂鼓、小堂鼓、板、大锣、大钹、小锣、小钹、云锣、星子、碰铃等。

桂剧分为生、旦、净、丑四大行当。生行又分为生、末、外、小、武几种，旦行又分为旦、占、贴、夫四种，净行则分为净、副净、末净三种，丑行只分为丑和小丑两种。另有一些跑龙套的角色，统称为"杂"。桂剧无摇旦专行，摇旦常由副净、丑、夫等行当演员兼演，表演诙谐幽默。随着清末"三小戏"的兴盛，桂剧旦行又逐渐细分为正旦、闺门旦、背心旦等。桂剧侧重做工，常常武戏文唱，表演质朴细腻、委婉动人，注重以富于生活气息的艺术手法塑造人物。

扎根于民间的桂剧融会了广西特有的风土人情和人文特点，逐步形成了细腻婉约、灵秀生动、刚柔相济、富有乡土气息的风格特色和贴近生活的质朴简约之美。由于各种原因，目前桂剧已陷入濒危境地，传统流失，人才断档，剧目和技艺失传，民间演出举步维艰，这就要求相关部门采取措施，及时发掘、抢救、保护桂剧，使这一古老剧种重新焕发生命力。

知识链接：桂剧《抢伞》选段欣赏

《抢伞》，现代桂剧，欧阳予倩著，根据关汉卿《拜月记》改编，1942年前后作。

【剧情介绍】

黄昏，汴京城外，王瑞兰寻找失散的母亲至此，忽听到马闹声吼，躲入松林。蒋世隆与妹妹瑞莲失散，叫妹妹的名字。王瑞兰误以为母亲，答应着从松林里出来，方知错了。他们都因强寇侵犯逃难出来，中途与家人失散。天色黄昏路人疏，蒋世隆欲走。王瑞兰拉他的手，请他结伴同行，免受灾祸。两人方知他们都是汴京人，一位是千金小姐，一位是秀才。彼此持伞行礼。蒋世隆发现王瑞兰容貌如花，探问她有没有丈夫。他幸喜她无丈夫他无妻，又觉男女不便，犹豫起来，要去寻妹子。王瑞兰拉伞哭，要他救她脱离险地。蒋世隆问关津渡口人盘问如何答对？王瑞兰说："只说是亲哥哥带领着小妹子避乱离。"蒋世隆答应。下大雨了，两人赶路。走了一会儿，他把伞让给她。又走了一程，她要把伞还给他用。两人推让。蒋世隆说："在这离乱之中，两个人打一把伞，有何不可？"两人合用。雨停了，王瑞兰罗裙湿透，在一旁解下罗裙。蒋世隆主动帮她扭干。然后，她问："晒在哪里？"他说晒在他背上，或者晒在伞上。她怕他拐走罗裙。他说："放着这样一个小娘子都不拐，怎么会拐一条罗裙？"两人翻山越岭。王瑞兰故意失落宝钗。蒋世隆拾起。她说这宝钗是母亲给的，宝钗落在哪里，她的终身就落在哪里。她让他收下宝钗。日暮了，前面有几户人家，他们准备投宿。蒋世隆突然说："去不得！若还有人盘问你我，如何对答？"若以兄妹相称，相貌不同，他让她出主意。她说："只说是与奴来作……"说到这儿她停住，叫他去猜。他故作不知，定要她明言。他才说："只说是丈夫带着妻子避乱离。"有朝回到家里，她会禀告爹娘，他们永不分离。

【词白】

女：受一礼

男：此礼为何

女：此礼么
女：到日后不忘你的恩和义
男：小生还礼
男：这位小娘子十分懂礼呀
男：我还不知你家住在哪里
男：姓甚名谁
女：君子要问请听
女：家住在汴京城鼓楼街
女：姓王名瑞兰
女：爹爹在朝奉君差
女：猛然间敌兵来侵犯
女：母女逃难到此来
女：被干戈两拆开
女：我本是闺阁之中一裙钗
……

> **课后习题：**

1. 壮族歌曲给你留下了怎么样的印象？
2. 你最喜欢广西的哪个城市？该城市有哪些代表性的音乐作品？
3. 广西的传统音乐有哪些？简要描述其中一种类别。

第三节　海南省

　　海南省，简称"琼"，省会为海口，地处中国华南地区，北以琼州海峡与广东划界，西临北部湾与我国广西、越南相对，东濒南海与我国台湾对望，东南和南部在南海与菲律宾、文莱、马来西亚为邻。海南省陆地总面积为3.54万平方千米，其中海南岛为3.39万平方千米；海域面积约200万平方千米。

　　海南的民间音乐形式多样，有儋州调声、崖州民歌、海南八音乐器、黎族民歌、临高渔歌和琼剧等，具有鲜明的民族个性与地方特色。

一、海南民歌

　　海南民歌主要以南部的崖州民歌、中部五指山区的黎族民歌、西部的儋州调声、临高的哩俚调为主，几乎综合了中原文化、农耕文化和海洋文化的特点，内容丰富，形式活泼，风格独特，具有鲜明的民族特色和地方特色。海南民歌歌词朴素，音乐感强，常用叠词、铺陈、对比、反复和问答的句式结构，主要采用赋、比、兴的传统修辞手法，抒情、浪漫、淳朴。具有代表性的作品有《请到天涯海角来》《万泉河水清又清》《我爱五指山，我爱万泉河》等。

（一）《请到天涯海角来》

20 世纪 80 年代，《请到天涯海角来》风靡一时，人人传唱。此歌曲中描述的"天涯海角"就在三亚市西郊 16 千米处的海边，这里是海南岛陆地的最南端。"天涯海角"是三亚市的一个景点，在海南省所有的景点中最负盛名，几乎是海南岛的代称。

《请到天涯海角来》见证着海南的成长，让听众知道了海南的峥嵘岁月。该曲在中国第一批流行歌曲中不容忽视，其清新的唱法、脱俗的歌词让听众感受到了海南岛的魅力，也让歌曲烙上了深刻的时代印记。"请到天涯海角来，这里四季春常在"，诗情画意的歌词，节奏明快的旋律，让听众在传唱中对歌中描绘的美丽地方产生了强烈的向往之情。

景点导航：天涯海角风景区

天涯海角风景区现在分为东西两部分：东部景区包括南天一柱、天涯石、海角石、海上乐园、水族馆、十一届亚运会南点火台等景观；西部景区是一些新开发的自然景观。在天涯海角风景区入口处，矗立着海南省规模最大、功能最齐全的"黎族风情园"，园中有许多仿造格式黎族民居，用 5 个展室全面展示了黎族经济文化和社会的特色，并配以演员表演。

（二）《万泉河水清又清》

每当人们唱起这首斗志昂扬的《万泉河水清又清》，就想到那支英姿飒爽的队伍——红色娘子军。《万泉河水清又清》这首歌曲作为芭蕾舞剧《红色娘子军》中的一首配歌，开创了芭蕾舞剧载歌载舞的新形式。此外，歌曲在音乐语言上也体现出鲜明的黎族音乐风格和特点，同时其曲体结构十分方整。更重要的是，歌曲配合舞蹈极其深刻地表现了军民团结一家亲的动人景象，起到了深化舞剧主题思想的作用。

知识链接：红色娘子军雕像

红色娘子军雕像位于海南省琼海市，矗立于加积镇街心公园。该雕像由花岗石雕刻而成，坐北向南，座基由石板铺设，四周呈六角形，围以石栏杆。雕像中红军女战士脚穿草鞋，肩背竹笠，风尘仆仆，充分展示了一代巾帼的英雄气概。

雕像底座正面有胡耀邦的题词：红色娘子军。底座背面镌刻碑文，介绍了红色娘子军的诞生过程和意义。

（三）《我爱五指山，我爱万泉河》

《我爱五指山，我爱万泉河》由郑南填词、刘长安谱曲、游国平首唱。李双江于 1973 年演唱的版本收录于《战地新歌》第二辑；1989 年，李双江凭借该曲获得第一届中国金唱片奖。

这首歌曲采用了大调式的手法，并借鉴了海南民歌《五指山歌》中的音乐元素，优美的旋律中透出阳刚之气。李双江热情似火、高亢嘹亮的演唱使这首歌曲如同插上了一双翅膀，飞遍了中国的山山水水。

知识链接：鹿回头的故事

三亚市南5千米处，在遍布珊瑚礁的海滩上，有座山岭突兀而起，从东北向西南延伸，然后折向西北，雄伟峻峭，恰似一只金鹿站在海边回头观望，这就是著名的"鹿回头"。站在鹿回头岭上，三亚全景尽收眼底。但它的迷人之处不仅在于此，更在于一个著名的爱情神话故事：很久以前，五指山上有一个勤劳勇敢的黎族俊小伙，持弓箭追赶一只由思凡仙女变成的美丽的金鹿，一直追赶到这里，金鹿面临大海无处可逃，就在猎手弯弓搭箭欲射时，金鹿变成一位美丽的黎族姑娘，朝着小伙子微笑。后来，他们结成夫妻，在海边成家立业。现在这里塑起了金鹿可爱的形象，美好的爱情传说加上周围青山翠岭，大海碧波，绿树花径，无不赏心悦目。

二、琼剧

琼剧，旧称"海南戏"或"土戏"，俗称"斋"，产生于明末清初，源自江西弋阳腔，又从海南民歌及其他戏剧中吸取精华，并与当地黎族文化融合，成为一种有着深厚文化根基的地方戏种。2008年，琼剧入选第二批国家级非物质文化遗产名录。

琼剧的行当分为五大行，即生、旦、净、末、丑。

琼剧的音乐唱腔可分为两大类。前期为曲牌体，并有帮腔。比如，《琵琶记》《槐荫记》《蟠桃宴》《八仙贺寿》等一些剧目，其唱词均有牌子，有的还采用一些大字牌子和小曲。后期则演化为板腔体，原有的曲牌体和帮腔逐渐淘汰，只在某些戏或程途、中板等板腔中能够找到痕迹。板腔体分中板、程途、苦叹板、腔类、专腔专用类五种板式。还有一种专门操台（闹台）的锣鼓谱。此外，琼剧还吸收了海南道坛乐曲，如"芙蓉""志高""金线""金字科""灵宝科"等曲调，以及其他民间音乐、歌舞音乐。唱腔以中板为核心（包括三七中板），这种唱腔由帮腔的七字板（又叫"七平板"）演变而成，有中、慢、快、散、正线、反线、外线、内线等不同板式，有较大的适应性，生、末、净、丑、杂各行当在表现不同感情时都可以使用，是琼剧较为古老的唱腔。

伴奏乐器原来只有锣、鼓、笛（唢呐），称"锣鼓吹打"，后来发展为竹胡（高调弦）、二弦、二胡、椰胡、提琴、三弦、月琴、秦琴、琵琶、扬琴、大唢呐、小唢呐、横箫、洞箫、大喉管、长管、短管、花鼓、战鼓、群子鼓、子鼓、双面子鼓、梆板、高边锣、文锣、苏锣、乒乓锣、小圈锣、京锣、钟、铙钹、京钹等三十多种。其中，以竹胡、二胡、二弦、大唢呐、小唢呐、大喉管、短管为主奏乐器。

琼剧的艺术遗产丰富，它的传统剧目分三部分：

一是文戏（以唱功为主），源于弋阳腔，杂以四平、青阳二腔，属曲牌体制，滚唱发达，带帮腔，有《槐荫记》《琵琶记》等剧目。

二是武戏（以做功、武打为主），有《八仙庆寿》《六国封相》《古城会》《单刀会》《三国》《薛家传》《杨家将》《封神演义》等剧目。

三是文明戏，又称"时装旗袍戏"，有《救国运动》《省港大罢工》《空谷兰》《断肠草》《秋瑾殉国》《啼笑因缘》等剧目。

知识链接：琼剧《张文秀》欣赏

琼剧传统剧目《张文秀》，又名《戏子状元》。据《琼剧志》介绍，该剧在清代已有演出剧本，原属"连台本戏"（连日接演的整台大戏），分为《张文秀扮演状元》和《张文秀真中状元》上下两卷。

【故事简介】

书生张文秀与富家小姐王三姐从小缔结姻缘，张文秀长大后，家道中落，无奈之下只好到未来的岳父王员外家寄读。尽管王三姐对才貌出众的张文秀爱慕有加，但王员外嫌贫爱富，意欲悔婚，两位姐姐和姐夫也设计陷害，诬蔑张文秀是盗贼，将其赶出家门。3年后，张文秀考中状元，就任八府巡按，依然不忘王三姐，于是乔装打扮成落魄的书生回来寻找王三姐，恰逢王员外六十大寿，张文秀和王三姐都遭到众人的百般羞辱。直到真相大白后，王员外及其两位女儿、两位女婿都狼狈不堪。

【部分唱段】

（1）趁爹娘不晓，轻步下绣房，羞会郎君我三更后，心慌意乱无主脑。我梅香，轻扶织女渡鹊桥，牛郎早已等在桥头。

（白）小姐，到了，小姐，我到楼下替你探听消息，你就快点进去。

这死丫头远处躲藏，害得我奴家心怕胆寒，为何里面无声音响？莫非伊人已经他往独留空等，秉烛读书为何入梦，莫非等我时已久长。

（白）久等空惆怅，何故步迟慢。醒来了。

（2）金乌欲坠隐西山，留余晖，映纱窗，倦鸟知返相呼唤，并翼投林影双双，愁满怀，空自叹，俯首含泪暗思量，万物皆有归宿处，游子何故不还乡？忆当年，枇杷树下设寿宴，父亲试才论短长，我含羞西亭偷窥，喜张郎出口成章，谁料到，老父亲敬富欺穷，驱逐张郎把婚悔，诱逼改嫁我不愿，决志永把张郎等。怨只怨，伊人一去不复返，三载全无鸿雁传，莫非是，冤家得志在京邦，学陈世美负前缘；莫非是，功名不就落他乡，无颜回见你妻房；莫非是，积恨成疾命早伤，相会还须在九泉。呸，我胡讲乱语太不当，招不祥兆损张郎，爹爹寿诞虽喜欢，触起往事更加断肠。

（3）我求得阿十答应，指望得见三姐面。二更鼓他不回报信，莫非他，接应宾客事缠身？夜色清静月高悬，厅堂内，寿烛闪闪万点明。那边是，琴音传来采仙桃，这边是，人声喧哗喝酒猜拳。好像是，罗裙飘拂步翩翩，（哦）原来是，风吹竹动似人影！

课后习题：

1.唱一唱海南民歌，谈谈你的体悟与感想。

2. 海南民歌有哪些特点?
3. 琼剧有哪几大行当？它的唱腔有什么特点？

第六章　西南地区

西南地区，中国七大地理分区之一，东临中南地区，北依西北地区，包括重庆市、四川省、贵州省、云南省、西藏自治区共五个省、自治区、直辖市。其中，四川省是该地区人口最稠密、交通最便捷、经济最发达的区域。这里有青藏高原、四川盆地、云贵高原等，自然景观奇特，旅游资源丰富。除此之外，西南地区少数民族众多，有藏族、白族、傣族、水族、佤族、苗族、怒族、门巴族、珞巴族、彝族、纳西族、哈尼族、土家族等少数民族，民族风情浓郁。

西南的生活环境和人文历史造就了一大批极富地域特色的非遗文化和音乐形式，如川江号子、啰儿调、石柱土家族斗锣、川剧、花灯戏、弥渡山歌、藏戏等，各具特色。

第一节 重庆市

重庆市，简称"渝"，是西部大开发重要的战略支点。从驰名古今的长江三峡到誉满天下的大足石刻，从"上帝折鞭之处"的钓鱼城遗址到众多名人名事遗址，这些组成了具有重庆特色的长江三峡旅游黄金线。旧时人员物资往来主要依靠水路，纤夫之间以号子为口令，形成了具有特色的各类号子；渝东南地区，苗族、土家族世代聚居，各族人民交往频繁，有以锣会友的习俗，由此产生了"斗锣"这一民间音乐竞技活动。民众将生产和劳作中的各个场景与音乐结合，创造了一系列的特色民歌和音乐活动，通过音乐讲述着自己民族的生活故事。

一、重庆民歌

（一）《平水号子》

号子被誉为劳动者的歌，它是人们在劳作时为了更便捷高效地劳作而发出的吆喝声，由一人领唱，众人相和，起着调节心境、激励人心、统一动作的作用。川江号子是三峡地区传唱千年的一种音乐文化，不仅传承了优秀的中华传统文化，还反映了峡江两岸的风土人情，更是赞颂了巴渝人的大无畏精神。2006年5月20日，川江号子经国务院批准被列入第一批国家级非物质文化遗产名录。

因其流域不同，川江号子有20多种曲牌，最具代表性的是闯滩号子和平水号子。闯滩号子是船工与险恶地势较量时所唱，多为快板，主要是为船工加油打气，激发他们攻下险滩的斗志，其中全段的高潮点称为拼命号子。平水号子与闯滩号子相比，更为柔和，号子声稳健舒缓，旋律悠扬，用来缓和险境过后船工的紧张心情。

　　下面这首《平水号子》的基调为慢速、自由，采用的是四四拍和四三拍的交替节拍，四三拍的部分节奏感明确、力量感充沛，四四拍的部分更加抒情流畅、悠扬悦耳。此作品分为领唱与相和两部分：领唱部分多为唱词，源于民间和船工自己的生活，所以这些唱词具有真实性；相和部分多为助词，如"嗨、呀、咳、哦"等劳动时的力气助词，将我们带到当时热闹的码头、惊心动魄的峡江。

平 水 号 子

重 庆

（领唱与相和的简谱省略）

[乐谱：号子片段]

——周耘《中国传统民歌艺术》

景点导航：重庆巫山小三峡景区

龙江巴雾连滴翠，奇山秀水胜三峡。长江小三峡以其美丽的景色吸引着众多游客前往。长江小三峡俗称"巫山小三峡"，也称"大宁河小三峡"，为大宁河景区的精华部分所在。其南起巫山县，北至大昌古镇。与长江三峡的雄伟壮观、雄奇险峻相比，长江小三峡则显得秀丽别致、精巧典雅，故人们赞誉小三峡"不是三峡，胜似三峡"。

在长江小三峡游览，就如同荡舟在一个玲珑奇巧的天然盆景之中，会令人如痴如醉。长江小三峡不仅是一处名不虚传的风景名胜区，还有谜存千古的巴人悬棺、船棺，设计精巧复杂的古栈道等珍贵历史遗迹。这一奇特的峡谷风光把自然景观与人文景观融为一体，是长江三峡黄金水道线上的一颗璀璨明珠。在游览长江小三峡之后，人们会不禁发出"曾经沧海难为水，除却宁河不是峡；五岳归来不看山，宁河归来不看峡"的感慨。

（二）《太阳出来喜洋洋》

《太阳出来喜洋洋》由金鼓填词、作曲，是他于1942年在重庆从事地下党工作期间创作完成的，表达了山民热爱劳动、热爱山区生活的情感，广泛传唱于国内外。

《太阳出来喜洋洋》为2/4拍，节奏明快，歌词质朴，旋律流畅，有着四川山歌高亢嘹亮的风格。它运用了山区赶猪、牛时的"啰儿、欧郎啰"的吆喝声和模拟锣鼓音调节奏的衬词"郎郎扯"，节奏较为短促，深刻地表现了山民热情奔放、乐观向上的生活态度。

民歌在演唱过程中使用方言是其重要特点之一。在《太阳出来喜洋洋》中，方言的使用将这首歌曲独特的韵味体现得淋漓尽致。四川方言与普通话相比,一般没有平舌音和翘舌音之分,普通话中人们所熟知的翘舌音"zh、ch、sh"在四川方言中一律读成"zi、ci、si"。比如,在《太阳出来喜洋洋》中,"上山冈"的"山"(shan)应唱成"san","郎郎扯"中的"扯"(che)应唱成"cai"。"手里拿把(啰儿)开山斧"中的"手"(shou)应唱成"sou"。四川方言没有鼻音与边音之分,普通话中的鼻音"n"在四川方言中都读成"l"。比如,在《太阳出来喜洋洋》中,"手里拿把"中的"拿"(na)应唱成"la"。另外,普通话中发"h"的音在四川方言中则读"f"。比如,在《太阳出来喜洋洋》中,"不怕虎豹"中的"虎"(hu)应唱成"fu"。因四川人平舌音、翘舌音不分,所以念"zhi、zi"时的咬字与普通话相比也有所区别。使用方言演唱,让这首歌既高亢嘹亮又轻松自由,体现出了浓厚的民间特色。

知识链接:啰儿调

《太阳出来喜洋洋》虽然是金鼓创作的,但其音乐素材来源于重庆市石柱土家族自治县的啰儿调。重庆市石柱土家族自治县地处武陵山脉与长江交会地带,在这里孕育、传唱的啰儿调历史悠久,源远流长。土家族啰儿调旋律简洁,音域在八度以内,唱腔中少有装饰,行腔起伏流畅,易于掌握,便于传唱。其调式多为徵、羽、商调式,既有传统曲目,又有现场发挥的即兴歌调。歌词句式大多为七字句,可即兴填词,现场发挥,酣畅淋漓地表达歌者的真情实感。有的歌曲调相同而词不同,颇有"竹枝词"遗风;有的歌词直白通俗,反映了当地土家族人的生活、劳动、民风、民俗、情感和宗教信仰多方面的内容,比较全面地记录了土家族的礼俗活动、生存状况及民族文化演变过程。啰儿调音韵淳朴,特别是啰儿调中大量地运用了"啰儿""啰儿啰""啰"等方言衬词,使曲子音调与当地土家族方言的四声声调紧密结合,表现了土家人乐观、豁达、睿智、幽默的性格,从而形成了独特的风格和韵味。

二、石柱土家族斗锣

石柱土家族自治县的民间锣鼓演奏活动比较普遍,加之当地各族人民交往频繁,平时就有以锣会友的习惯,于是在此基础上产生了斗锣。

斗锣是一种民间音乐竞技活动,演出场地非常广泛,山坡山岭、田间院坝,随处可比。其可以两拨"角儿"相比,也可以多拨"角儿"相比;可以固定的曲牌相比,更可以不同曲牌即兴组合相比。斗锣的高潮一般在正月十五晚上,月亮坝、篝火旁,一拨"角儿"占一个山头,你方敲罢我方始,自主地开始斗锣比赛。在石柱土家族斗锣活动中,曲牌演奏即兴性、变化性比较强,同一曲牌在不同场合演奏都不完全相同,在"斗"的过程中同一曲牌不断加花,通过节奏、速度、力度的变化更加形象地表现各个曲牌主题,同时通过热闹的音乐把活动推向高潮。

由于每拨"角儿"打的曲牌不能重复,只有打到有的"角儿"不能应对,退出争斗,才能达到斗赢的目的,所以每年正月十五晚上的斗锣活动经常通宵达旦,成了当地土家族春节民俗活动的一道亮丽风景。他们互相学习、切磋技艺,体现出了民族团结、共同进步、构建和谐社会的新时代精神。

石柱土家族斗锣内容丰富，且大多与当地群众的生活息息相关。其代表曲目非常多，有争锋露角、霸气十足的《狮子霸林》《猛虎下山》，有活灵活现、惟妙惟肖的《岩鹰展翅》《牛擦痒》，还有描写六畜兴旺的《母鸡下蛋》《鸭子欠毛》，等等。这些曲目用锣鼓模仿动物，既生动传神又简洁明快，还具有易学易会、易传播的特征。

石柱土家族斗锣中每件乐器的演奏方式与音色各具特色，通过乐器的不同演奏形式及音色特点来表现不同的音乐主题。大锣演奏方法有"重击""轻击""边击""亮击""闷击"，其中"闷"与"亮"的相互交错演奏是大锣的表现特征。大锣音色具有圆润、浑厚、集中等特点，可表现凶猛的气势与勇猛的神情，如《猛虎下山》《狮子霸林》，并在锣鼓中起着分节落韵的作用。

课后习题：

1. 闯滩号子和平水号子的音乐特点有什么区别？
2. 石柱土家族斗锣有什么样的人文价值？
3. 《太阳出来喜洋洋》表达的情绪是怎样的？

第二节 四川省

四川省，简称"川"或"蜀"，省会为成都，位于中国西南地区，自古就有"天府之国"之美誉，是大熊猫的故乡。四川省是一个多民族的大家庭，省内有甘孜藏族自治州、阿坝藏族羌族自治州、凉山彝族自治州（中国最大彝区）以及北川羌族自治县（中国唯一羌族自治县），其中甘孜藏族自治州是康藏文化的核心区。四川还拥有九寨沟、黄龙、都江堰、青城山、乐山大佛、峨眉山、三星堆、金沙遗址、武侯祠、杜甫草堂、宽窄巷子、阆中古城、海螺沟、四姑娘山、稻城亚丁等享誉海内外的旅游景区。

四川民歌多抒情、婉转、爽朗、诙谐、泼辣，具有独树一帜的艺术风格。川剧则博采众长、兼收并蓄，融合了昆腔、高腔、胡琴、弹戏与四川本地的灯调五种声腔，形式多样，曲牌丰富，结构严谨。

一、四川民歌

（一）《槐花几时开》

《槐花几时开》这首歌是四川民歌中的经典之作，是源于宜宾地区的一首传统山歌，只有短短四句歌词，却将一个手扶槐树望郎归来的农村姑娘的形象表现得活灵活现。整首歌曲短小精悍，具有浓郁的乡土特色，并且听起来非常亲切，让人回味无穷。

演唱时，演唱者要特别注意四川方言的准确性。

这首歌的第一句勾勒出一幅空旷、疏远的画面——高高的山上矗立着一棵槐树，第二句形象地描绘了一位手把栏杆、凝神远眺的少女的形象。这两句的刻画看似简单，但紧接着的一问一答使这两句的内涵丰富起来。第三句娘疑惑地问女儿"你望啥子"，第四句"我望槐花几时开"的回答既是女儿内心情感的自然流露，又是女儿对自己心情的巧妙掩饰，显得机智灵敏、自然得体，又表达了思念之情。

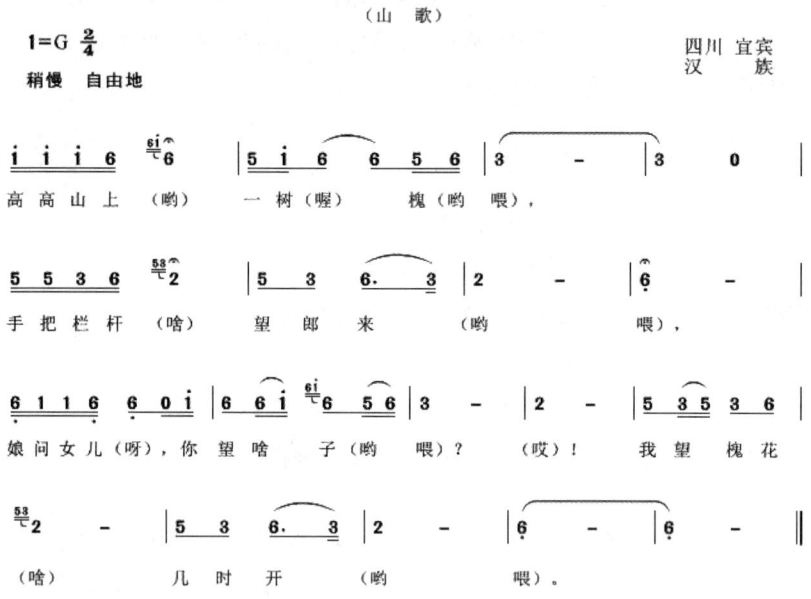

——乔建中《中国经典民歌鉴赏指南：上》

《槐花几时开》的语言质朴、生活味浓、形象生动，其短短四句，寥寥几笔，既表现了一位农村姑娘对爱情的大胆追求，又描绘出了感到羞涩的女儿在母亲盘问下支吾的生动情景。

《槐花几时开》的曲调源自宜宾地区一种称为"神歌"的山歌歌腔，全曲总共四个乐句，三、四乐句是一、二乐句的变化反复。与首句旋律高起相对照，第三句曲调落在低音区。这样的处理使曲调变化有致。同时，这样的旋律进行仿佛在模仿年迈者较低的嗓音，使歌曲更添风趣。在歌词"手把栏杆"与"我望槐花"两处，旋律线大致相同，节奏上却有变化。前者字位密集，仅占一拍时值；后者字位相对稀疏，时值放宽一倍。显而易见，前者有意渲染"望郎"的心情迫切，后者强调那种故作镇静、若无其事的神情。

（二）《云朵上的羌寨》

羌族被称作"云朵上的民族"，一个原因是他们大多居住在海拔2 000米左右的高山区，也习惯把村寨建在河谷或山腰的位置，占据着比较有利的高位置，常年与云相伴；另一个原因是他们喜欢穿富有特色而绣有漂亮云纹的精美绣花鞋"云云鞋"。

《云朵上的羌寨》来自阿斯满发行于2009年的专辑《爱留羌寨山水间》，它是阿斯满在汶川地震一年后所录的一张民歌专辑。在此首歌曲中，阿斯满用自己干净的歌声倾诉了对社会各界曾经给予灾区人民帮助的感激之情。

二、川剧

川剧是中国传统戏曲剧种之一，主要流行于中国西南地区，是中国西南地区影响力最大的地方剧种。2006年5月20日，川剧经国务院批准被列入第一批国家级非物质文化遗产名录。

川剧的特点在唱腔、行当、服饰、妆容、乐器、变脸、滚灯、吐火、耍水袖等方面有所体现。

（1）唱腔：川剧融合了昆腔、高腔、胡琴、弹戏、灯调五种声腔。

（2）行当：川剧分为小生、旦角、生角、花脸、丑角五个行当，尤以小生、小丑、旦角的表演最具特色。

（3）服饰：川剧戏装有很多种，蟒袍、靠子、官衣、褶子等都对应有相对固定的角色。

（4）妆容：川剧演员在演出前，要在面部用不同色彩绘成各种图案，以展示人物的身份、形貌、性格特征。

（5）乐器：川剧的伴奏乐器有20多种，常用的有小鼓、堂鼓、大锣、大钹、小锣等。

（6）变脸：川剧三大绝活之一，即把不可见的抽象的情绪和心理状态变成可见的具体形象——脸谱，以揭示剧中人物思想感情的变化。在川剧演出中，随着剧情的推进、人物内心世界的变化，脸谱也需要发生相应变化。

（7）滚灯：川剧三大绝活之一，最初演绎的是风趣幽默的故事。一场好的川剧演出要求表演者必须腰功、腿功扎实，"顶灯""吹灯""滚灯"等功夫熟练。

（8）吐火：川剧三大绝活之一，与变脸结合，以显示人物内心及剧情的急剧变化。

（9）耍水袖：川剧旦角的基本功之一，对表达人物的思想感情和创造优美的舞蹈身韵有重要的作用。随着旦角表演艺术的发展，水袖得到广泛的运用。只要剧情需要，无论是传统戏或新编戏中的女性角色，还是青衣、正旦、花旦或鬼狐旦，都可使用耍水袖的技巧。因此，耍水袖的技巧也愈来愈丰富。

另外，川剧的剧目丰富，有《黄袍记》《九龙柱》《幽闺记》《春秋配》《东窗修本》《五子告母》《神农涧》《情探》《柳荫记》《彩楼记》《绣襦记》《白蛇传》《拉郎配》《打红台》《巴山秀才》《变脸》《死水微澜》等剧目，这些剧目均产生了较大的社会影响力，显示出了川剧深厚的传统文化底蕴。

知识链接：川剧变脸大师彭登怀

彭登怀，川剧变脸大师、一级演员、世界戏剧家协会理事，曾获得中国慈善事业突出贡献奖、中国戏剧最高荣誉奖梅花奖。他曾三次登上中央电视台春节联欢晚会舞台，为亿万观众表演变脸绝技；他曾多次随国家领导人出访，为各国政要表演变脸绝技；他先后在三十多个国家和地区表演变脸绝技，为弘扬川剧文化、传承中华国粹做出了突出贡献。

2000年，他出演改编自金庸同名小说的电视剧《笑傲江湖》，在剧中引入变脸绝技，成功演绎了青城派掌门人余沧海。金庸为他题词："彭登怀兄，中国一杰！"

课后习题：

1. 聆听了不同时期的四川民歌，你有什么感受呢？
2. 羌族为何被称为"云朵上的民族"？
3. 欣赏完川剧后，哪种表演形式给你留下了最深的印象？

第三节　贵州省

贵州省，简称"黔"或"贵"，省会为贵阳，位于中国西南地区，与重庆、四川、湖南、云南、广西接壤，是西南地区的重要交通枢纽，是国家生态文明试验区、内陆开放型经济试验区。贵州是一个多民族共居的省份，全省民族众多，其中世居民族有汉族、苗族、布依族、侗族、土家族、彝族、仡佬族、水族、回族、白族、瑶族、壮族、畲族、毛南族、满族、蒙古族、仫佬族、羌族18个民族。各民族节日活动丰富多彩，有不同的乡土风俗。

贵州省也有丰富的音乐资源。由于方言、习俗、传承等方面的差异，贵州各地流传的民歌在结构、形式、音乐风格等方面都形成了鲜明的地域特色和民族个性。花灯戏则是贵州的地方戏曲剧种之一，它源于民间花灯歌舞，清末民初发展成地方戏曲，在流行过程中受各地方言、民歌小曲和习俗等的影响而形成了多种不同的演唱与表演风格，具有浓郁的乡土气息和民族特色。

一、贵州民歌

（一）《摘菜调》

《摘菜调》是一首短小精悍、情趣盎然、新颖清新的黔北民歌，其传唱多年，经久不衰。

民歌扩充乐段有两种重要手段：一是使用"垛句"；二是反复再现部分乐句。其中，"垛句"又叫"赶句"，说唱和戏曲音乐中的"加滚""加垛"就是借用了山歌"赶句"的方法。"垛句"也指"数板",即节奏与音调对称重叠或重复,有原样重复,也有变化重复。《摘菜调》就运用了垛句。为避免因垛句的使用而产生雷同感,《摘菜调》中加入了念唱和富于节奏感的说白,使音乐一气呵成、生动有趣、表现力强。演唱时,演唱者可以利用不同的速度、力度等音乐要素展开对比。

这首民歌带有浓厚的生活气息,是"艺术来源于生活"的体现,是劳动人民智慧的结晶。

摘 菜 调

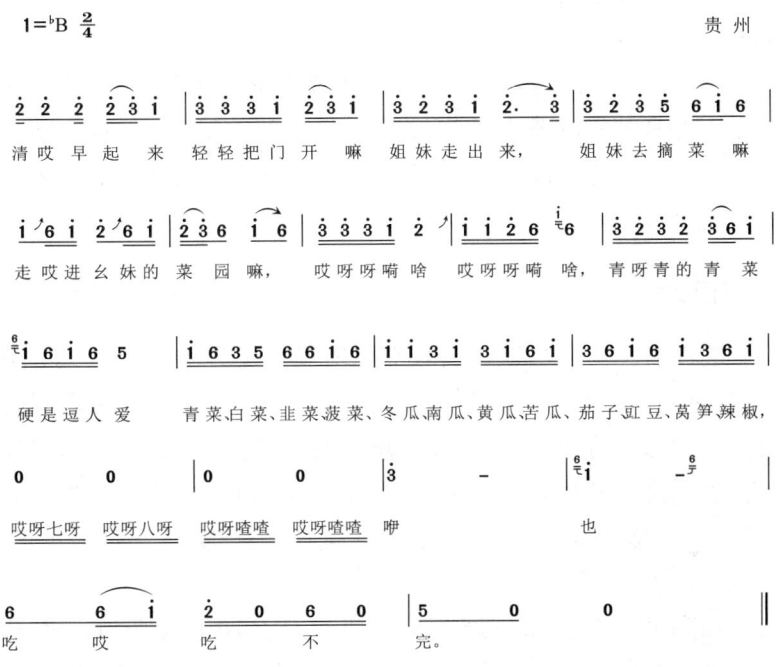

——周耘《中国传统民歌艺术》

(二)《好儿好女好家园》

《好儿好女好家园》由国家一级编剧宋小明作词、中国音乐学院院长王黎光作曲,于2019年在国庆70周年联欢活动中由阿鲁阿卓首唱。该民歌具有浓郁的民族特色,充分表达了每个中国人心中荡漾着的满满自豪感和幸福感,思想性、艺术性俱佳。2022年,这首歌曲在北京冬奥会开幕式的热场演出中再次唱响,表现了"全国人民共同铸就美好家园,欢迎全世界朋友来做客"的美好愿景。

《好儿好女好家园》MV中梵净山、小七孔风景区、万亩樱花园等独特的自然风光展示出了贵州省绿水青山的雄厚资源,展现了苗族、布依族、侗族等少数民族的文化。此外,MV中还呈现了贵州省近年来在交通、大数据、科技等方面的"大丰收",充分表达了歌词中的"壮志乘梦展新图"之意。

《好儿好女好家园》的原唱是阿鲁阿卓。阿鲁阿卓,彝族,贵州毕节人,毕业于中国人民解放军艺术学院,曾先后获得第十四届青歌赛流行唱法金奖、"金钟奖"通俗唱法金奖、中宣部"五个一工程"奖、全军文艺会演一等奖等多项荣誉。她在演唱中融入了少数民族原生态的唱法,同时致力于将民族音乐元素通过编曲的方式融入流行乐的演唱中,找到了属于自己的风格。由她演唱的《好儿好女好家园》具有浓郁的民族风格和时尚感,在发布后,广受群众喜欢。

景点导航:小七孔风景区

小七孔风景区位于贵州省荔波县城南30余千米的群峰之中,距大七孔风景区5千米,景区全长7千米,面积约10平方千米,有一百多个游览景点。1988年,它被列为国家级自然保护区。

整个小七孔风景区融山、水、林、洞、湖泊和瀑布为一体,有柔美恬静的涵碧潭、飞流直泻的拉雅瀑布、潭瀑交错的六十八级瀑布、盘根错节的龟背山、林溪穿插的水上森林、密林镶嵌的鸳鸯湖、幽蓝深邃的卧龙潭,而且妩媚而迷人的响水河贯穿了整个风景区。

二、贵州花灯戏

贵州花灯戏是清末民初在当地民间花灯歌舞基础上发展起来的地方戏曲剧种,俗称"灯夹戏""花戏"等,主要流行于独山、遵义、毕节、安顺、铜仁等地。其曲调有的戏剧性较强,有的源于抒情性的民歌小调,表演身段大都取材于花灯舞蹈的动作,演出时手执折扇和手帕,灵活运用各种步法、手势,以及耍扇、耍帕的技法,具有清新活泼的艺术特色。代表性剧目有《红梅赞》《七妹与蛇郎》《乌江云·巴山雨》《月照枫林渡》《盐道》《一路芬芳》等。

贵州省花灯剧院创作的贵州花灯戏《红梅赞》首演于2019年,剧目移植改编自由阎肃编剧,羊鸣、姜春阳、金砂作曲的歌剧《江姐》,由中国戏剧"梅花奖"获得者、贵州省花灯剧院院长邵志庆领衔主演。其讲述的故事大致如下:1948年春,解放军在全国范围内展开战略反攻,江姐带着四川地下省委的重要指示离开重庆,奔赴川北。途中,江姐惊悉丈夫彭松涛牺牲的噩耗,抑制住悲痛的心情,继续率领游击队展开武装斗争。由于叛徒的出卖,江姐不幸被捕。面对敌人的严刑拷打,江姐始终不屈服,最后在重庆渣滓洞集中营慷慨就义。

贵州花灯戏《红梅赞》的移植改编非常成功。《红梅赞》在充分尊重歌剧《江姐》的基础上,大量运用了贵州民间花灯的音乐语汇,突出了贵州地域特色,广受好评。

2021年7月28日,由贵州省花灯剧院精心打造的贵州花灯戏《红梅赞》在国家大剧院上演。这是继贵州花灯戏《夫妻观灯》登上国家大剧院后再次唱响贵州花灯戏,也是《红梅赞》作为"庆祝中国共产党成立100周年优秀舞台艺术作品展演"剧目在全国地方戏中心演出后的再次进京展演,充分彰显了贵州花灯戏的艺术魅力。

知识链接:贵州花灯戏立派

2021年3月30日,贵州省花灯剧院在贵阳举行了贵州花灯戏旦角表演艺术流派创立仪式，确立了罗（江禹）派、邵（志庆）派旦角艺术流派。

罗江禹从艺数十载，出演过40余部花灯戏，作为第五代花灯传承谱系传人、第一代专业花灯表演艺术工作者，接受过东西南北四路花灯民间艺人、名家的悉心指导。她以花灯戏为本源，不断向姊妹艺术借鉴学习。其涉猎的范围包括京剧、川剧、山西梆子等剧种。她吸收这些剧种的表演程式和技巧，采百家之所长，借以丰富花灯戏表演艺术体系，形成了一套完善且具有个人特色的表演风格。在表演上，她具有极强的可塑性，尤其擅长饰演温柔贤惠、机智敏锐、刚正不阿、明辨是非的中青年女性形象。其演出的主要剧目有《七妹与蛇郎》《打舅娘》《哑姑泉》《平凡的岗位》《劈山曲》《刘胡兰》《丰收之后》《红灯记》《杜鹃山》等，艺术生涯硕果累累。

邵志庆于16岁考入贵州省艺术学校（现为贵州大学艺术学院）花灯表演专业，师承张秉熊、蔡才文、陈克清、齐华明等老一辈艺术家，接受系统的戏曲教育。参加工作后，她先后在《苏二姐挑郎》《七妹与蛇郎》《月照枫林渡》《征人行》《盐道》《一路芬芳》《红梅赞》等数十部大中型花灯戏中扮演主角。在表演上，她既追求空间的灵动，又注重花灯歌舞的原生形态；既追求戏曲程式化隐喻象征，又注重真切感受由内而外的松弛表达。在唱腔处理中，她在行腔上真假嗓兼用，声区通畅、色彩统一，可张可收、可虚可实，依人物情感表达需求而增减人声张力；在润腔上巧妙灵活，如工花旦俏皮，工彩旦泼辣，工青衣宽柔，沉稳中见大气，端庄中含俏丽，淑静中蕴情致。

课后习题：

1. 民歌扩充乐段的两种重要手段是什么？
2. 听完描绘贵州的歌曲《好儿好女好家园》，你的感受是怎样的？
3. 贵州花灯戏《红梅赞》讲述了一个什么样的故事？

第四节　云南省

云南省，简称"云"或"滇"，省会为昆明，北以金沙江为界与四川省隔江相望，西北隅与西藏自治区相连，西部与缅甸相依，南部和东南部分别与老挝、越南接壤。它以山高谷深、江河纵横、湖泊众多、气候多样而闻名于世。多样立体的气候类型、复杂特殊的地形地貌孕育了丰富的风景，使云南拥有"小桥流水，户户垂杨"的丽江古城、依山傍水的苍山洱海、鬼斧神工的石林风景区以及险秀奇美的玉龙雪山等。

云南还有丰富的音乐资源，如优美抒情的《小河淌水》、活泼诙谐的《猜调》、轻快明朗的《绣荷包》等民歌，以及《竹林深处》等民族器乐。

一、云南民歌

(一)《小河淌水》

《小河淌水》是具有中国音乐文化象征意义的"中国旋律",被誉为"东方的小夜曲"。

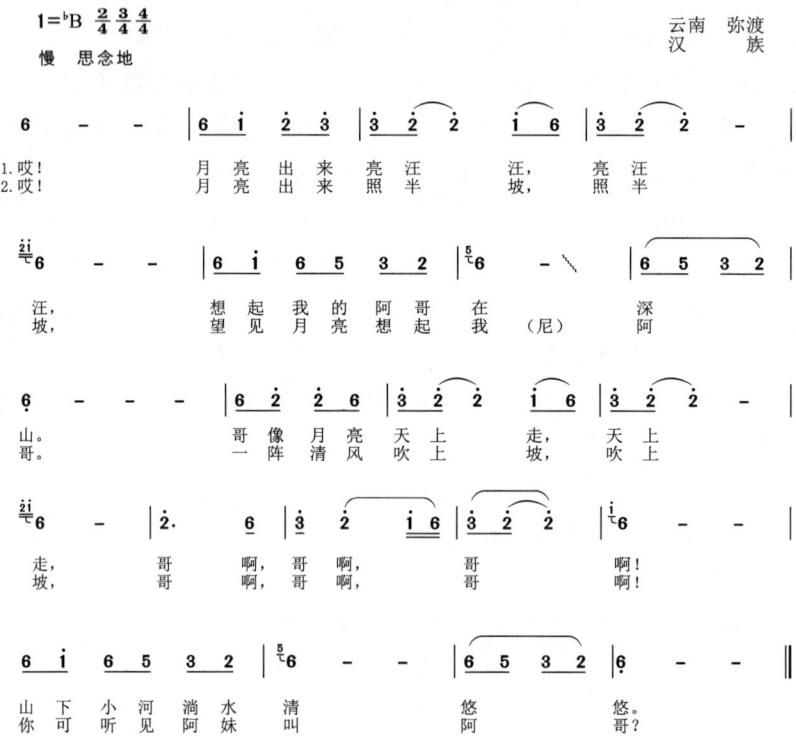

——乔建中《中国经典民歌鉴赏指南:上》

《小河淌水》诞生于1947年春云南大学月亮亮汪汪的一个夜晚。最初,尹宜公取歌名为《月亮出来亮汪汪》。在他连夜拿去给江鹜看时,江鹜低声哼唱了两遍后说:"这首山歌太美了,建议歌名用'小河淌水'。"于是,这首歌就以《小河淌水》的名字编入了云南大学"南风合唱团"的刊物《教学唱》。从那时起,《小河淌水》就逐渐传播开来。其节奏从容舒展,旋律回环起伏、清新优美,描绘了一个充满诗情画意的画面。

(二)《猜调》

《猜调》以猜谜为主题,采取问答的演唱形式,是云南儿童游戏时唱的对歌,旋律来源于云南汉族民歌,曲调活泼。

猜指的是猜想、猜谜语，调指的是曲调、唱调，所以猜调的意思就是借助好听的旋律来猜谜语。《猜调》最明显的特色就是一问一答的对歌形式——问得巧，答得妙。它的歌词采用了对答式，共有四段。第一、第三段为问段，每段有六句，提出了四个谜题；第二、第四段为答段，谜底充满了浓厚的生活气息和诙谐的情趣。

猜 调

1=A 2/4

云南 昆明
彝族、汉族

较快

（曲谱）

——乔建中《中国经典民歌鉴赏指南：上》

"对歌"这种演唱形式在汉族民歌中并不少见，少见的是它的词曲组合方式：从首句开始，它的词与曲就以一对一的密集型节奏推进着音乐，并一直延续到第六句的前半部分。其中，除第一拍及每小节的最后一个音是八分音符外，大多是十六分音符。这样，几乎是一小节唱完一句词，给人的感觉是问题如串，答题也如串，形成了"对答如流"的生动效果。

《猜调》尽管篇幅短小，而且以密集型节奏为主，但它仍有疏有密、有紧有松，在密集型节奏的运动中分出了层次。这首歌曲先从八分音符起唱，随后八分音符与十六分音符交错进行，把情绪推到高潮。最后，为了有一个相对稳定的终止，出现了一个切分节奏，并结束于低八度的主音"sol（5）"，与句首的高八度主音形成了一种圆满的呼应，使这首欢快、风趣、充满智慧的短小歌曲产生了一种难以言传的艺术魅力。

李谷一在1979年录制的专辑中收录了《猜调》这首歌曲，此后其广为传唱。

知识链接：李谷一

李谷一于1944年出生在中国云南省昆明市，是中国女高音歌唱家、一级演员，荣获"100名改革开放杰出贡献对象"奖。1961年，她加入湖南省花鼓戏剧院，开始了她的舞台生涯。13年后，她调入中央乐团（中国交响乐团的前身），成为独唱演员，佳作频出。她的歌声轻巧甜美、圆润流畅，不仅具有民族特色和韵味，还融入了西洋唱法的技巧，对我国民族声乐和通俗音乐的发展起到了极大的推动作用。

（三）《绣荷包》

《绣荷包》基本以4/4拍的节奏展开，使用五声E羽调式，给人以活泼、欢快的感觉。在演唱这首歌曲时，要求演唱者咬字、吐字柔和，多以4/4拍的强弱次强弱的节奏为基础，再融入自身的感情进行演唱。

绣 荷 包

云南 弥渡

——周耘《中国传统民歌艺术》

《绣荷包》中运用了"啊""嘛"等衬词，把一位热情、活泼的年轻姑娘的形象很好地展现了出来。如果缺少了这些衬词，歌曲就缺少了情感色彩，显得苍白，也就失去了地方特色。可见，衬词的合理运用有利于丰富人物形象，使大家更加容易感受到歌曲中所表达的情感。

二、云南民族器乐

（一）吹奏类器乐

在原始社会，云南人就已创造出属于自己的吹奏乐器，距今约 2 500 年的青铜葫芦笙、昆明官渡区彝族子君支系流行的两孔陶埙"阿乌"、文山濮人支系流行的三孔陶埙"笛老挪"等乐器就是最好的证明。

葫芦丝，又称"葫芦箫"，傣语称"筚郎叨"（"筚"为傣语吹管乐器的泛称，"郎"为直吹之意，"叨"即葫芦），是云南少数民族吹奏乐器。它发源于德宏傣族景颇族自治州梁河县，主要流行于傣族、阿昌族、佤族、德昂族和布朗族等少数民族聚居的云南德宏傣族景颇族自治州、临沧市。其可分为高音、中音、低音三种类型，常用的调为降 B、C、D 等调。

葫芦丝的历史悠久，其渊源可追溯到先秦时代。中华人民共和国成立后，中国民族音乐工作者对葫芦丝进行了不断的改革。1958 年，云南省歌舞团最先把葫芦丝的音域扩展为 14 个音。北京的一些文艺团体又制成两种新葫芦丝，其中的六孔葫芦丝可以吹奏单音、双音、单旋律加持续音及两个和音旋律加持续音，既保持了原来乐器特有的音色，又增大了音量，扩展了音域，丰富了音响色彩。

20 世纪 70 年代末，杨正玺在任德宏傣族景颇族自治州民族歌舞团团长期间创作了葫芦丝曲《竹林深处》。该曲根据流行于德宏傣族景颇族自治州的傣族山歌的曲调而作，由带引子的单三部曲构成。它以迷人的音色、动人的旋律表现了傣族青年浪漫的爱情生活，通过竹林深处若隐若现的傣家竹楼、阵阵葫芦丝声描绘出一幅傣族人民宁静、和谐的生活画面。

乐曲最初由葫芦丝演奏家龚全国演绎，后由德宏傣族景颇族自治州的葫芦丝制作家、演奏家哏德全改良了乐器，并以其高超的演奏技巧重新演绎，在全国掀起了葫芦丝音乐的热潮。

引子由稍自由的 4 拍构成。由"re"向"sol"滑音营造出宽广、恬静、幽深的竹林深处意境，尤其是第四小节、第五小节、第六小节的跨小节连音线的运用，形成了波浪形效果，让人仿佛能感觉到恋人之间即将相见的那种甜蜜而稍有些慌乱的意境。A 段由五个乐句构成，前四个乐句由 2+2 的平行乐句构成，是恋人之间在互诉相思之情，第五句表达了共同的思念心声。B 段为带舞蹈性质的激情乐段，取材于傣族人民喜爱的"孔雀舞""嘎秧舞"。随着 A 段深情的相思倾诉，伴奏织体改变，葫芦丝放开副管，使用双音演奏，节奏从稍快变为更快，直到推向高潮，描绘了青年恋人缠绵的情思及他们对幸福生活的憧憬与向往。

此外，还有口弦、巴乌等吹奏乐器。口弦的形状各有特色，有的用两块竹片相连在一起，有的口弦外面还有藏放竹片的小竹筒，周围刻着漂亮的图案、缠着彩色丝线，姑娘们常常把它当作定情信物；巴乌的外形类似汉族的笛子，但声音没笛子清脆，其音色非常柔美悦耳，很像一对恋人在窃窃私语，因此彝族、哈尼族、苗族青年谈恋爱时常用它抒发自己的感情。

知识链接：龚全国

龚全国，1983年被国家民族事务委员会、文化部（现为文化和旅游部）、广播电影电视部（现为国家广播电影电视总局）、中国音乐家协会命名为"傣族青年葫芦丝演奏家"，1984—1986年两度赴日本访问演出，所到之处，皆受欢迎。其创作的曲目有葫芦丝独奏曲《竹林深处》（与人合作）、《德宏美》、《十二马》、《晚霞》、《进新房》、《心里话》等。

（二）弹奏类器乐

13世纪出现的纳西族古乐《白沙细乐》中，就有了"色古都"（胡拨）、大琵琶、筝等弹奏乐器。从绘于1759年的巍山彝族回族自治县文昌宫桥墩壁画上的彝族踏歌图中也能看到弹月琴的舞者。云南少数民族的弹奏乐器多半是抱持在怀中进行演奏，而且弹奏出的旋律活泼跳荡，节奏感很强。

三弦是汉族、彝族、哈尼族、白族、壮族、苗族、瑶族、布依族、傣族、傈僳族、佤族等民族十分喜爱且广为流传的一种弹奏乐器。在云南，它因民族、地区的不同而产生了许多不同的称谓，形制的大小以及定弦的变化也多有不同，最为常见的是大三弦和小三弦。

大三弦是彝族民间比较常见的弹拨乐器，流行于弥勒、宜良等地区。1980年9月，全国少数民族文艺会演期间，经过改革的大三弦参加了彝族民间器乐《接亲路上》的合奏，它那浑厚而低沉的音响不仅成为乐队音响的基础，还与其他彝族民间传统乐器浑然一体。闻名全国的《阿细跳月》是彝族的民间传统歌舞，在"跳乐"伴奏中，要同时使用多件大三弦。节日的夜晚，在彝家寨外的空场上，青年男女围成圆圈，中间燃起高大的火堆，小伙子一边弹着大三弦一边同姑娘对舞。大三弦的乐曲有《迎春舞曲》《扎巴底夺》《阿细青年舞》等。

小三弦是伴奏"梅葛调"（彝族史诗的唱腔）的主要乐器之一。在青年男女的恋爱生活中，小三弦也形影不离，它要为山歌对唱伴奏。著名的彝族小三弦独奏曲有《诉苦调》《彝族调》《模嘎德赫》等。现在我们耳熟能详的很多曲目都是民间艺人花费心血收集、整理、发掘、传承下来的。例如，楚雄彝族自治州南华县民间彝族老艺人王德兴的小三弦演奏就堪称一绝，他为彝族小三弦的发展做出巨大贡献。其代表作有《回忆调》《感情调》《明宁腔》《老中幼》等曲目。

月琴是一种流行于彝族、哈尼族、蒙古族等少数民族中的弹拨乐器。在云南，月琴不仅仅是一种乐器，也是精美的工艺品。月琴音色悦耳动听，高音清脆，中音明亮，低音丰满。彝族人用月琴演奏时，会将琴斜抱于胸前，左手持琴按弦，右手用食指或执拨片弹拨琴弦。《刮地风》《野马过河》《一对鹅》《六背腔》《甘洛调》《数西调》《嘎木调》等是彝族较著名的传统月琴独奏曲。

（三）打击类器乐

象脚鼓是傣族民间的打击乐器，傣语称"老憨咬"，即长脚鼓的意思，因为它的形制很像象脚，故又名"象脚鼓"，流行于云南西双版纳和德宏傣族景颇族自治州等地区。每逢傣族盛大节庆，人们都要请出象脚鼓，给鼓身穿上缀满装饰的五彩鼓衣，一边敲鼓，一边跳起象脚鼓舞。雄浑、悠长的鼓声犹如滚滚春雷，震荡心弦，传递着傣族人民的热情。每当象脚鼓被敲响之时，傣族男女老少都会欢快地跳起舞来。可以说哪里有象脚鼓声，哪里就有欢乐的人群。

象脚鼓的敲奏方法十分丰富，往往随表演情绪需要而指、掌、拳、肘、脚并用，鼓点纷繁多变。鼓手边敲边跳，不时做出摆鼓、甩鼓、摇晃转身等动作，十分吸引人的目光。演奏时，将象脚鼓背带挂于肩上，鼓身斜向身前，也可将象脚鼓直立于地，左手扶住鼓边，用食指、中指、无名指、小指和右手配合交替敲击鼓面，右手多击重拍，用半握拳捶击。演奏方法有正拍、闷拍、指拍（用一个指头）、掌拍和拳击等。在演奏高潮或情绪热烈时，甚至手肘、脚掌、膝部也参加击鼓，弯身扭腰，千姿百态。象脚鼓可击奏出不同的音色和复杂的节奏，并可千变万化。旧时，象脚鼓主要在佛寺中敲击，用于宗教法事，只敲不舞。后来，流传于民间，才出现边奏边舞形式，它常与铓、镲组合在一起，为《孔雀舞》《马鹿舞》《白象舞》《纱巾舞》等各种民间舞蹈伴奏。

此外，还有牛皮大鼓，其流行于云南景洪基诺族聚居区，基诺语称"司土"，鼓身长1米，由一段原木凿空制成，鼓曲直径0.5米，用未去毛的黄牛皮蒙面，鼓的两端备有20个木柄环绕鼓身，呈放射形，演奏时把牛皮鼓悬在木春上，用木槌敲击，声音十分浑厚凝重，可以传得很远。

课后习题：

1. 《猜调》中运用了哪种民歌演唱形式？有什么独特之处？
2. 听一听民歌版、钢琴版、合唱版、乐队版的"猜调"，并分享你最喜欢的版本。
3. 请谈谈《竹林深处》这首葫芦丝器乐的音乐特征。

第五节　西藏自治区

西藏自治区，简称"藏"，省会为拉萨，位于中国青藏高原西南部，北邻新疆维吾尔自治区，是中国西南边陲的重要门户。

藏族传统音乐特色鲜明，种类多样，包括民间音乐、宗教音乐、古典音乐三大类。其中，民间音乐可分为民歌、歌舞音乐、说唱音乐、戏曲音乐、器乐五类；宗教音乐包括诵经音乐、宗教仪式乐舞羌姆、寺院器乐；古典音乐嘎尔只在拉萨布达拉宫及日喀则扎什伦布寺流传。下面对藏族歌舞和藏戏进行详细介绍。

一、藏族歌舞

藏族是能歌善舞的民族，藏族人民世代生活在歌舞的海洋之中。藏族由于宗教信仰的原因，也有大量用于宗教仪式的音乐流传。藏族的民间歌舞形式大多是载歌载舞的。在藏语里，"谐"指的就是民歌和舞蹈。

（1）果谐：一种古老的歌舞形式，意为圆圈歌舞，流传广泛，且不同地区有不同的称呼，如萨迦地区称"索"，工布地区称"波"或"波强"，藏北牧区、康巴地区、安多地区称"卓"或"果卓"（俗称"锅庄"）。果谐多在节日喜庆、劳动之余和宗教仪式上演唱，参加者相互拉手扶肩，边唱边舞，不用乐器伴奏。

（2）堆谐：为西藏西部地区的歌舞。堆是高地的意思，指雅鲁藏布江流域由日喀则以西至阿里整个地区。堆谐在拉萨极为盛行，最初只用札木聂伴奏，后发展为小型乐队伴奏。堆谐由前奏、慢歌段、间奏、快歌段、结尾组成，其中慢歌段音乐优美动听，快歌段采用紧拉慢唱的手法，使音乐欢快紧凑。

（3）囊玛：主要流行于拉萨地区。囊玛的音乐基本由中速的引子、慢板的歌曲及快板的舞曲三部分组成。歌唱部分的音乐典雅优美，演唱时伴以简单的舞蹈动作；舞曲部分热情活泼，舞蹈轻快舒展，表演者只舞不唱。

（4）谐钦：流传于拉萨、山南、日喀则、阿里等地区的古老仪式歌舞形式，多在隆重的节日或仪式上演唱。谐钦一般由带有标题的多首歌舞曲组成，首尾乐曲分别称为"谐果"（引子）和"扎西"（吉祥），每首歌舞曲由慢板、快板组成，或由慢板、中板、快板组成，音乐古朴热情。歌词内容有人类起源、历史传说、赞颂祝福等。

（5）热巴谐：流行于康巴地区的流浪艺人表演的歌舞，包括鼓铃舞、杂耍、歌舞剧、木棒舞、鹿舞、刀舞、热巴弦子等多种表演形式。其中，鼓铃舞音乐包括散板的男声领唱及慢板齐唱，音乐热情优美，富于魅力。

（6）仲谐：意为讲故事的歌，有说有唱，流传甚广，内容多为长篇民间故事或叙事诗，如《格萨尔王传》《藏岭·尼麦贡觉》等。唱腔数量甚多，大多具有朗诵性特点，结构多为上下句组成的乐段及其变化重复。

（7）嘎尔：歌、舞、乐三位一体的综合性乐舞。嘎尔鲁是嘎尔乐舞艺术形式中的歌曲部分，现存曲目有《圣地拉萨》《运势》《如意宝》《印度圣贤》《金子的高山》《世俗智者》《远方的大臣》《玛库奴地方》等56首。嘎尔舞蹈表演全部由10岁左右的男性艺童"嘎尔珠巴"表演，表演者伴随唢呐旋律默念唱词，随乐而舞，舞而不唱。嘎尔的舞蹈表演注重造型，常在动作之间有较长的停顿，在摆定一种造型姿态后，停止不动。舞蹈姿态有扭腰、单腿立、高举木制小斧、敬献哈达、向天地神献水以及模拟神佛形象等。基本动作有"平举手""下腰摆手""跪行礼""单脚跳步""双跳步"等。表演中没有欢快热烈的舞蹈场面，表情严肃，形式单一，整个舞蹈在稳重缓慢中进行，气氛肃穆、庄重，风格、气质与藏族其他民间歌舞艺术迥然不同，整个表演充满着高贵典雅及虔诚的宗教特色之美。"瑞恰鲁"是嘎尔器乐的类别，包括迎送鼓乐、轻乐合奏曲两种形式。迎送鼓乐之"朵达玛"主要是迎送达赖喇嘛及出巡时途中演奏，采取以唢呐与达玛鼓合奏吹打乐的形式，演奏曲目有《吉祥圆满》《东方之光》《圣地拉萨》《普贤宝》《上路》等20余首乐曲，音乐粗犷热烈。

知识链接：扎念

"扎念"就是悦耳之音的意思，它是藏族传统弹拨类乐器，具有悠久的历史，普及性极强，常作为"堆谐""囊玛"等藏族舞蹈的伴奏乐器使用，深受藏族人民的喜爱。扎念的尺寸不尽相同，有大扎念、中扎念、小扎念。从琴身构造来讲，琴杆、琴轴、琴筒均为木制，蒙山羊皮，以琴杆为指板，有六根弦、三个音。

扎念制作技艺更是被列入了第四批国家级非物质文化遗产代表性项目名录、第五批自治区级非物质文化遗产代表性项目名录。同时，扎念演奏艺术入选第五批自治区级非物质文化遗产代表性项目名录。

二、藏戏

藏戏是藏族戏剧的泛称，起源于8世纪藏族的宗教艺术，在17世纪时，从寺院宗教仪式中分离出来，逐渐形成以唱为主，唱、诵、舞、表、白、技等基本程式相结合的生活化的表演艺术，被誉为藏文化的"活化石"。2006年5月20日，藏戏经国务院批准被列入第一批国家级非物质文化遗产名录；2009年，藏戏被联合国教科文组织列入人类非物质文化遗产代表作名录。

藏戏的藏语名叫"阿吉拉姆"，意思是"仙女姐妹"。据传藏戏最早由七姐妹演出，剧目内容又多是佛经中的神话故事，故而得名"阿吉拉姆"。西藏藏戏是藏戏艺术的母体，它通过来卫藏宗寺深造的僧侣和朝圣的群众传播至青海、甘肃、四川、云南四省的藏语地区，形成了青海的黄南藏戏、甘肃的甘南藏戏、四川的色达藏戏等分支。

藏戏种类繁多，有白面具藏戏、蓝面具藏戏之分，但主流是蓝面具藏戏。蓝面具藏戏在流传过程中因地域不同形成了觉木隆藏戏、迥巴藏戏、香巴藏戏、江嘎尔藏戏四大流派。藏戏的服装从头到尾只有一套，演员不化装，主要是戴面具表演。其演出一般分为三个部分：开场仪式戏"阿若娃"、正戏"雄"和吉祥收尾仪式"扎西"。开场仪式戏"阿若娃"又称"温巴顿"或"甲鲁温巴"，其内容主要是净场祭祀、祈神驱邪、祈求祝福，并介绍剧情。出场人物一般有甲鲁二人、温巴七人、拉姆七人。传说这三种人物是根据《曲结洛桑》中的人物演变而来。甲鲁是王子，温巴是渔夫或猎人，拉姆是仙女。表演时，先是温巴戴着面具又唱又跳，然后甲鲁领着一群仙女出场，借以介绍演员，讲解正戏的剧情，招揽观众。"雄"是正戏，先由"温巴格更"（戏师）用快板韵白介绍故事情节、地点、环境、人物造型、唱词等，然后人物上场。演出时间长则三天三夜，甚至六七天，短则二三小时，皆由戏师决定。"扎西"是藏剧演出结尾时的集体歌舞，意为祝福迎祥。

藏戏的传统剧目相传有"十三大本"，经常上演的是《文成公主》《诺桑法王》《朗萨雯蚌》《卓娃桑姆》《苏吉尼玛》《白玛文巴》《顿月顿珠》《智美更登》八大藏戏，还有《日琼娃》《云乘王子》《敬巴钦保》《德巴登巴》《绥白旺曲》等，各剧多含有佛教方面的内容。

知识链接：藏戏《文成公主》

藏戏《文成公主》讲述了7世纪中叶，吐蕃赞普（国王）松赞干布为实现睦邻友好及引进先进文化，积极与大唐联姻，最终克服千难万阻，迎娶文成公主的故事。文成公主的入藏不但巩固了唐朝的西陲边防，而且将先进文化传播到西藏，促进了各民族的交流，开创了唐蕃交好的新时代，谱写了一曲超越时空、流传千年的民族大团结的时代赞歌。

景点导航：布达拉宫

布达拉宫坐落于中国西南部西藏自治区拉萨市市中心的红山上，"布达拉"为梵语"普陀"的音译，原指观音所居之岛。其最初是吐蕃王朝赞普松赞干布为迎娶尺尊公主和文成公主而兴建的。布达拉宫规模庞大，气势宏伟，依山势而建，占地面积36万余平方米，主建筑共13层，高117米。它是著名的藏式宫堡式建筑，也是藏族古代建筑和中国古代建筑艺术的杰出代表，享有"世界屋脊上的明珠"的美誉。

布达拉宫的主体建筑包括白宫、红宫以及周边与之搭配的各种建筑。白宫是历代达赖喇嘛进行政治、宗教管理的地方，建筑坐北朝南，共7层；红宫位于布达拉宫的中部，共6层，是供奉历代达赖喇嘛灵塔以及进行各种宗教活动的场所。

课后习题：

1. 嘎尔乐舞的艺术形式是由哪三部分组成的？
2. 藏戏的演出分为哪三部分？
3. 欣赏了各种形式的藏族歌舞，你的感受是怎样的？

第七章　西北地区

西北地区位于中国西北部，包括陕西省、甘肃省、青海省、宁夏回族自治区、新疆维吾尔自治区，地形地貌以山地、盆地、沙漠、戈壁为主，具有面积广大、干旱缺水、荒漠广布、风沙较多、生态脆弱、人口稀少、资源丰富、开发难度较大、国际边境线漫长、利于边境贸易等特点。

它是华夏文明的重要发祥地，是中华民族文化发展的摇篮，在这片广袤的土地上繁衍生息的各族人民创造出了特点鲜明、风格迥异、富有内涵的传统音乐。下面让我们走进西北地区，跟着音乐去旅行。

第一节　陕西省

陕西省，简称"陕"或"秦"，省会为西安，位于黄河中游，东邻山西、河南，西连宁夏、甘肃，南抵四川、重庆、湖北，北接内蒙古。它是中华民族及华夏文化的重要发祥地之一，有西周、秦、汉、唐等14个政权在陕西建都。

陕西的音乐资源很丰富，并且特色鲜明。其中，具有代表性的是陕西民歌和秦腔艺术。陕西民歌是劳动人民在生产实践和社会实践中，将各种艺术形式不断地融合而创作出来的，具有地域特色；秦腔则历史悠久，在角色、表演技艺等方面独具魅力。

一、陕西民歌

陕西民歌，泛指陕西各地的民间说唱音乐，一般可以根据地域及艺术特点分为陕北民歌、陕南民歌和关中民歌。各地区的民歌或豪放奔放，或婉转柔美，具有地方特色。

（一）《山丹丹开花红艳艳》

由李若冰、徐锁、刘烽、关鹤岩、冯富宽等人作词，刘烽作曲的著名革命历史歌曲《山丹丹开花红艳艳》自1971年底问世以来，就以润物无声、沁人心脾的魅力，感染和鼓舞了无数人为革命事业而前赴后继；以优美动听的旋律，表现了陕北人的精神生命及对黄土地的炽烈情怀。全曲用西北语言，生动地、恰如其分地描绘了中央红军（中国工农红军第一方面军）到达陕北的革命历史。至此，中国革命重心从南方移到北方，延安成为革命圣地。这首歌生动地再现了那段历史，歌颂了像山丹丹那样热烈而坚定的革命先烈。2003年，中央电视台拍摄的大型电视连续剧《延安颂》也采用了这首歌作为片尾曲。

歌词中有一个陕北民歌很突出的特点，那就是叠音，如"一道道""一杆杆""热腾腾""心窝窝""山丹丹""红艳艳"。这不仅增强了音乐性，还增强了文学性，使歌曲唱起来既亲切又有感染力。

《山丹丹开花红艳艳》是一首"信天游"风格的歌曲。刘烽在作曲时，充分挖掘陕北民歌的浪漫风韵。作品前奏开始在一个自由节拍的散板，音调具有浓郁的陕北民间音乐风格特征。接着是歌曲的第一部分，整体旋律张弛有度、疏密有致，并富有变化，具有很强的抒情性。其主题旋律借鉴了靖边民歌《咱陕北人跟的是刘志丹》。一段间奏之后，歌曲进入中间部分。中间部分曲调则来自陇东民歌《十八姐担水》，旋律欢快、热烈，节奏规整，重拍突出，表现了陕北人民群众热烈、欢乐的情绪，描绘了热情款待红军战士的画面。当唱到"满天的乌云风吹散"时，速度放慢，演唱一字一音，表达了众志成城的革命精神。在"毛主席来了晴了天"一句中，"毛"字音高为全曲中第二高的音，深化了作品的主题思想，突出了中央红军到达陕北的历史意义。最后，音乐完整再现了第一部分。全曲高潮句是"毛主席领导咱打江山"，运用了陕西民间音乐特有的"苦音"调式。在作曲上，九字句被分成三截，即"毛主席""领导咱""打江山"，形成了富有传统戏曲唱腔特点的尾声，音乐滔滔，一泻千里，气贯长虹，酣畅淋漓。

（二）《蓝花花》

这是一首取材于真实事件编创的陕北民歌，它以直白、简练的语言讲述了一个受封建婚姻制度迫害的女子为了追求自己的爱情，大胆地与封建礼教进行斗争的故事。这首歌曲从产生至今代代流传，传出了陕北，传向了全国。著名歌唱家郭兰英、王昆、李波等人都先后演唱过这首歌曲。该歌曲由于旋律流畅优美、故事内容具有反封建意义，因此还曾被改编为钢琴独奏曲和大型歌舞剧。

蓝花花是一个聪明漂亮的女子，在蓝花花的父母逼迫下，蓝花花嫁给了任小喜，在任小喜死后又被迫嫁给了一个麻子脸的人，最后抑郁而死。歌曲由上下两句组成，曲调悠扬，节奏自由，歌词口语化，具有地方特色。

《蓝花花》运用分节歌的形式，通过八段歌词把一个完整的故事娓娓道来。尽管歌曲在结构和旋律上具有重复性的特点，但是演唱者通过对旋律中个别音的处理、润饰以及对歌曲速度的调整很好地体现了故事中的矛盾、冲突与感情。

（三）《赶牲灵》

"赶牲灵"也称"赶脚"，它跟云贵地区的"赶马帮"十分相似，即用牲畜（陕北多为骡子和驴）长途为他人运送粮食货物，而赶着这些牲畜运送货物的人则被称为"赶牲灵者"或"脚夫"。对于这些给自己带来利益的牲畜，脚夫亲切地称它们为"牲灵"。黄土高原山陡路遥，地僻人稀，赶一趟牲灵少则要十天半月，多则一季半年，而脚夫的家人因惦念他们，便时常会向路过的赶牲灵队伍探问自己的亲人。这样，便有了这首对赶牲灵者生活经历写照的《赶牲灵》。

《赶牲灵》这首陕北民歌由民间艺人张天恩编创。青少年时期的张天恩是赶牲灵的脚夫，一直为边区驮盐送炭以及做一些行旅运送等事情。张天恩不仅创作了《赶牲灵》，还创作了其他类似的陕北民歌，如《跑旱船》《十劝劝的人儿》《白面馍馍虱点点》等，其中《赶牲灵》被誉为"中国陕北民歌之首"。

陕北民歌大多都是通过真实生活编写的，因此这些民歌大都如同口语，信口唱来，曲调自由舒畅。在《赶牲灵》中，"你若是我的哥哥（哟），招一招（那个）手，（哎呀）你不是我的哥哥（哟噢）走你的（那个）路"，语言不加任何修饰，直白大胆地表现了一个女子对一个男子的思念之情。

从音阶看，《赶牲灵》以五声音阶为主，有些地方出现过渡音"si"，但是对整体音阶没有过大影响。此曲通过"信天游"音乐中的变体方式产生了两个乐句结构，其中上句句幅比较宽长，以跳进上行、级进下行的曲调交替，再加上上滑音的自由延长，突显了高亢悠扬、奔放有力的音乐个性。

从调性看，《赶牲灵》有两个乐句，结尾都是处于强拍，以"sol"结尾。时值较强的音主要有"re"和"sol"两个音，这里所说的"re"是"sol"的五度上属音，起到支撑的作用，所以不难看出，此曲的主音应当是"sol"，也说明此曲为五声徵调式。

从音型看，这首歌有很多"sol—do""re—sol"的纯四度跳跃，这也是陕北民歌的突出特点，多建立在"徵—宫—商—徵"这种"双四度框架"上。这首歌也用到了"re—do"小七度的大跳，这在陕北民歌和闽南民歌里多见。此歌曲的最后一句"哎呀你不是我的哥哥哟"采用了流行于陕西、青海的"花儿"的唱法。

二、秦腔

秦腔，别称"梆子腔"，中国汉族最古老的戏剧之一，起源于西周，成熟于秦，是国家级非物质文化遗产之一。

古时陕西、甘肃一带属秦国，所以其被称为"秦腔"。因为早期秦腔演出时常用枣木梆子敲击伴奏，故其又名"梆子腔"。秦腔流传于全国各地，因其整套成熟、完整的表演体系，对各地的剧种产生了不同程度的影响。秦腔的表演技艺朴实、粗犷、豪放，富有夸张性，生活气息浓厚，技巧丰富。2006年5月20日，秦腔经国务院批准被列入第一批国家级非物质文化遗产名录。

秦腔的表演自成一家，其有生、旦、净、末、丑五大行当，各行当又分多种，统称为"十三头网子"。一般戏班都要按行当建置以"四梁四柱"为骨干的三路角色制。头路角色包括头道须生、正旦、花脸和小旦；二路角色包括小生、二道须生、二花脸和丑角；老旦、老生等其他角色均为三路角色。各路角色的佼佼者均可挂头牌演出，其他即为配角。条件优越的戏班常不惜重金邀请名角。各行皆能，文、武、昆、乱不挡的多面手、好把式又叫"戏包袱"，或叫"饱肚子"。

秦腔表演技艺十分丰富，身段和特技应有尽有，常用的有趟马、拉架子、吐火、扑跌、扫灯花、耍火棍、枪背、顶灯、咬牙、转椅等。神话戏的表演技艺更为奇特，如《黄河阵》中要用五种法宝道具，如量天尺、翻天印可放出长串焰火。除此之外，花脸讲究架子功，以显威武豪迈的气概，群众称其为"架架儿"。

秦腔反映了陕西人民耿直爽朗、慷慨仗义的性格，以及淳朴敦厚、勤劳勇敢的民风，且较早地形成了比较适宜表现各种情绪变化的板腔体音乐体制，有一套比较完整的表演技巧，对其他剧种的形成与发展产生了一定的影响。

秦腔剧目多取材于"列国""三国""杨家将""说岳"等英雄传奇或悲剧故事，也有神话、民间故事和各种公案戏，剧目超过1万本。因时代久远，散佚颇多。为了更好地保护秦腔，中华人民共和国成立后，陕西、甘肃、宁夏、青海和新疆陆续建立了300多个秦腔剧团，还建立了戏曲学校，为繁荣秦腔艺术积累了大量人才资源。

秦腔经典剧目有《火焰驹》《三滴血》《赵氏孤儿》《八件衣》《三请樊梨花》等。

课后习题：

1. 陕西民歌有什么音乐特点？请列举三首陕西民歌。
2. 请说说秦腔的特点和经典剧目。
3. 学唱陕北民歌《山丹丹开花红艳艳》。

第二节 甘肃省

甘肃省，简称"甘"或"陇"，省会为兰州，位于我国西北部的黄河上游，东接陕西，南靠四川、重庆、青海，西倚新疆，北临内蒙古和宁夏，是古代丝绸之路的锁匙之地和黄金路段。甘肃有被称为"东方雕塑艺术馆"的麦积山石窟、被称为"沙漠第一泉"的月牙泉、被称为"河西第一隘口"的嘉峪关，以及著名的世界文化遗产——敦煌莫高窟。

甘肃是一个多民族聚居的省份，有回族、藏族、东乡族、土族、裕固族、蒙古族、哈萨克族、满族等16个民族，在漫长的社会发展过程中，这些民族不但创造了具有鲜明地域特色、浓郁民族风情、独特形式和风格的民族文化，由于地理环境的不同与文化的多元化，还形成了不同的音乐文化。下面让我们一起走进甘肃，去感受其中的音乐之美。

一、甘肃民歌

"花儿"是流传在甘肃、青海、宁夏三省（区）的民歌。2006年5月20日，"花儿"经国务院批准被列入第一批国家级非物质文化遗产名录。

"花儿"又称"少年"，男青年唱的叫"少年"，女青年唱的称"花儿"。据说，"花儿"至少已有四百多年的历史了。它内容丰富多彩，形式自由活泼，语言生动形象，曲调高昂优美，具有浓郁的生活气息和乡土特色，深受回族、汉族、藏族、东乡族、土族、撒拉族等少数民族的喜爱。

"花儿"的音乐与信天游相似，都是自由、高亢，乡土气息很浓，曲调结构也都是以上下句体为基础的，但"花儿"的旋律衬腔比较丰富，唱腔延绵，气息悠长，旋律起伏跌宕，富有层次感，并且"花儿"的乐句内容变化较多，上下句之间常有加腔，使上下两句衔接更加紧密。

根据音乐特点、歌词格律和流传地区的不同，"花儿"可分为三类。

第一类是"河州花儿"，发源于河州地区，即今甘肃省临夏回族自治州，现在遍及临洮、康乐、和政、永靖、夏河等县，有的流传到宁夏。

第二类是"洮岷花儿"，发源于洮岷地区，即今甘肃省的临潭、岷县、卓尼一带。

第三类是"西宁花儿"，发源于西宁地区，即今青海省的湟源、贵德、乐都、循化撒拉族自治县一带。

"花儿"的曲调多称"令"，有大令、小令之分。大令旋律悠长，结构清晰，大多用真假声相结合的方法演唱，如河州大令《上去高山望平川》等；小令节奏规整，旋律受小调影响较多，多用真声演唱，如《一对白鸽子》《十八辆马车龙摆尾》。

（一）《下四川》

《下四川》被人们称为"黄土高原的恋曲""出门人心底的歌"。听这首民歌，人们会感到有一种生离死别的眷恋、一种望乡早归的期盼。我们仿佛看到一个脚夫背着行李，赶着马帮，跋涉于陇蜀山水间。他们或仰天呐喊，或悲苦长叹，在思亲思乡中行走着，行走着，消失在天涯的尽头……这首脍炙人口的民歌曾多次在国内外获奖，并被改编成无伴奏合唱、器乐合奏等多种形式先后在世界各地演出，引起不小的轰动。

《下四川》是朱仲禄根据甘肃陇东南地区礼县的一首山歌改编而成的。1953 年，朱仲禄随西北歌舞团部分创作人员到陇东南地区采风。在礼县，他听到一位放羊的阿爸唱的山歌非常好听，便把词曲采集了下来。当时的原词是这样的："羊吃路边的青草哩，我唱山歌调调哩，掌柜手拿菜刀哩，要宰我的羊羔哩。"朱仲禄返回西北歌舞团后，便对这首山歌进行了改编，并取名为《下四川》。这首山歌虽然经过改编而形成了常见的三段式结构，其歌词也用"河州花儿"的形式进行了再创作，但曲调基本还是礼县那位阿爸所唱的调子。

（二）《追梦敦煌》

《追梦敦煌》是一首带有浓郁西域风格的新民歌，由倪永盛作词，向东作曲，龚爽演唱。敦煌古称沙州，位于古代中国通往西域、中亚和欧洲的交通要道——丝绸之路上，以"敦煌石窟""敦煌壁画"闻名天下，是世界文化遗产莫高窟和汉长城边陲玉门关、阳关的所在地。因此,在《追梦敦煌》这首歌曲中,我们可以听到富有中亚特色的"嘟嘟克笛"(Duduk),它那苍凉古朴的音色将人一下子就带进了历史的长河中,仿佛置身于沙漠、戈壁之中,正随着驼队向着神秘而古老的地方行进;富有西域特色的切分节奏运用手鼓敲打出来,具有强烈的动感,令人神往。歌唱家悠扬婉转的歌声吟唱着"穿越魏晋隋唐""西出阳关追落日"等词句,带领我们进行了一场历史穿越,仿佛在抚摩敦煌的脉搏,感受到了敦煌文化、艺术蓬勃的生命力。

《追梦敦煌》这首歌曲采用了七声小调式,在调式色彩上具有比较鲜明的西域边疆音乐的特点。其旋律较多地强调了"4""7"的重要性,并且在半终止的位置常以"3"做较长时值的延长,突出了调式属音的重要地位。从歌曲结构上看,它是一首两段体的歌曲,在第二个乐段中(副歌部分)将本应为两大句的结构进行了扩展,从2个乐句扩展为4个乐句,通过逐步积累、层层递进的方式,更为深刻地表达出了对敦煌的无限赞美之情和神奇遐想。

景点导航:敦煌莫高窟

莫高窟俗称"千佛洞",坐落在河西走廊西端的敦煌。它始建于前秦宣昭帝苻坚时期,后历经北朝、隋朝、唐朝、五代十国、西夏、元朝等历代的兴建,形成巨大的规模,有洞窟735个、壁画4.5万平方米、泥质彩塑2 415尊,是世界上现存规模最大、内容最丰富的佛教艺术圣地。1961年,敦煌莫高窟被国务院公布为第一批全国重点文物保护单位之一。1987年,敦煌莫高窟被列为世界文化遗产。敦煌莫高窟与龙门石窟、云冈石窟并称"中国三大石窟",后加麦积山石窟,称"中国四大石窟"。2019年8月31日,由敦煌研究院等单位联合摄制的大型纪录片《莫高窟与吴哥窟的对话》在敦煌国际会展中心首映。该纪录片以亚洲文明对话为题材,向人们展现了不同文明之间命运相通、文化相通、艺术相通的奇妙关联。

二、甘肃陇剧

陇剧是甘肃省独有的传统戏曲艺术,流传于甘肃省环县一带。据老艺人回忆,其原为皮影戏,采用道情唱腔,叫陇东道情。后来,扎根于陇东的渔鼓道情逐渐吸收了当地民间音乐营养,增加二股弦等乐器,衍化为皮影唱腔音乐。1958年,它被搬上舞台,1959年被正式命名为陇剧。

陇剧表演艺术讲究真实,重视从生活出发,以细腻的手法刻画人物的内心世界。陇剧表演动作吸收了部分皮影的侧身造型,舞台美术借鉴皮影镂空、彩绘、装饰手法及旦角高髻燕尾头饰等,形成了独特风格。

陇剧音乐属于板腔体式,分"伤音"和"花音"两大类。伤音曲调深沉委婉,适用于抒发哀怨的情感,因此又称"苦音"或"哭音";花音曲调活泼跳跃,善于表达喜悦的情感,故又称"欢音"。陇剧的演唱比较自由明快,而且说唱性较强。弹板是陇剧音乐的主要板式之一,板头、大过门规整,唱腔由多种节拍型混合组成,有特定规律。小过门的第一拍一般都重叠在唱句的末尾一字上。弹板舒展流畅、优美动听,最有特色。

陇剧的演唱方式比较自由，曲调流畅，节奏明快，近似说唱。曲调尾首的拖腔叫簧，唱时称嘛簧。嘛簧悠长婉转，韵味浓厚，富有地方色彩。

陇剧使用的乐器也有较大的发展，增加了琵琶、二胡、笙、板胡、扬琴、提琴和一些铜管、木管乐器，丰富了陇剧音乐的表现力。

陇剧十分重视创作和积累自己的演出剧目，代表性剧目有《枫洛池》《旌表记》《草原初春》《谢瑶环》《假婿乘龙》等。

知识链接：陇剧《枫洛池》

陇剧《枫洛池》讲述的是东汉末年的故事。当时，太师梁冀专断朝政，骄奢淫逸，横征暴敛。他命议郎牛贵修造园林"枫洛池"，命司农马融广选民女。牛贵向梁冀盛赞马融之女瑶草为绝代佳人，于是梁冀逼娶瑶草。马融假意应允，又暗中物色渔家女邬飞霞替代其女。邬飞霞父女闻讯逃走，马融无奈，只得送女入府，但瑶草抗命夜逃，与邬飞霞父女巧遇在学士简人同家中。此时梁府校尉追至，邬飞霞毅然帮瑶草过江避祸，校尉为索瑶草，杀死邬父，并欲血洗渔村。邬飞霞为救全村百姓并报父仇，遂自称瑶草，进入梁府。瑶草不忍祸及邬飞霞、简人同，入府说明真相。一时两瑶草难辨真假，梁冀疑其中有刺客，当堂辨草。邬飞霞智迫马融认自己为女儿，救出瑶草、简人同。夜间，邬飞霞乘醉刺杀梁冀，其未婚夫杜若义率修池民工及时赶来，焚烧枫洛池，杀死牛贵，一同前往广陵聚义。

《枫洛池》是陇剧的开山之作。1958年，临近中华人民共和国成立10周年。甘肃省为了组织进京演出，决定编演一出"大戏"。剧本创作由石兴亚、陈文鼐、李迟、金行健、姚舫负责，易炎、邱作人、陈明山三人组成了音乐组，并于当年开始撰写剧本，编写音乐。1959年7月，《枫洛池》在舞台上亮相。同年8月中旬，《枫洛池》作为国庆10周年庆典献礼剧目，进京汇报演出。人们没想到这部来自西北甘肃的戏竟然一炮走红。

《枫洛池》以其动人的故事情节、浓郁的陇东地方特色以及典雅的表演风格享誉中国。剧组也受到周恩来、朱德等国家领导人的接见。梅兰芳、杜近芳、红线女等艺术大师称赞这部戏为戏曲百花园中的新葩。周恩来说："听了你们演奏的道情，我就像又回到了陕北，又见到了陕甘宁边区的人民。"

课后习题：

1. 请试着唱一下歌曲《追梦敦煌》。
2. 甘肃陇剧有什么音乐特点？代表曲目有哪些？
3. 甘肃有哪些著名景点？请介绍麦积山石窟。

第三节　青海省

　　青海省，简称"青"，省会为西宁，位于中国西北内陆，北部和东部同甘肃相接，西北部与新疆相邻，南部和西南部与西藏毗连，东南部与四川接壤。著名景点有青海湖、茶卡盐湖、塔尔寺、祁连山、三江源等。

　　青海是一个多民族聚居省份，文化悠久，五分之四以上的地区为高原，由于多高原，多数自然村镇之间相距甚远，正常的文化艺术交流相当不便，因此出现了所谓"十里不同俗，百里不同曲"，即不同地区的民歌变化万千、丰富多样。比如，青海有劳动号子、花儿、小调、婚礼曲、宴席曲、长调、短调等民歌类型，每一种都有不同的唱法和表现手段。此外，平弦也是青海省的特色剧种之一，深受当地人民群众的喜爱。

一、青海民歌

（一）《在那遥远的地方》

　　《在那遥远的地方》是王洛宾根据在青海地区所采集的哈萨克族民歌《阿可芒黛》（"阿可芒黛"的汉语意思为"洁白的前额"）进行二度创作的民歌，是电影《小城之春》的插曲。

　　1994年，王洛宾凭借《在那遥远的地方》获得了联合国教科文组织东西方文化交流特殊贡献奖。这首歌曲被赞为"艺术里的珍品，皇冠上的明珠"。歌曲采用了民歌和古典文学诗歌中的"赋、比、兴"创作手法，将富有诗意感、音乐感、色彩感的词汇融入歌曲中，刻画出了一幅只有在西部草原上才能看到的、具有明显的区域环境特征的画卷。这幅画卷所表现出来的曼妙意境以及情感色彩令人心旷神怡，激发出了人们对美好爱情、对草原生活的无限向往与遐想。

知识链接：王洛宾

　　王洛宾（1913年12月28日—1996年3月14日），名荣庭，字洛宾，曾用名艾依尼丁，中国民族音乐家。1934年，王洛宾毕业于国立北平师范大学（今北京师范大学）音乐系。1938年，王洛宾在兰州改编了新疆民歌《达坂城的姑娘》，之后便与西部民歌结下了不解之缘，并将一生都献给了西部民歌的创作和传播事业，有"西北民歌之父""西部歌王"之称。1988年9月，王洛宾荣获中国人民解放军胜利功勋荣誉奖章。1991年，王洛宾享受国务院政府特殊津贴。其主要作品有《在那遥远的地方》《半个月亮爬上来》《达坂城的姑娘》《掀起你的盖头来》《阿拉木汗》《在银色的月光下》等。

（二）《上去高山望平川》

这是一首著名的青海民歌，也是青海"花儿"中有代表性的一首，流行在我国甘肃、青海和宁夏相毗连的广大地区。花儿的曲调当地人称为"令"，如"河州令""土族令""尕马儿令""脚户令"等。《上去高山望平川》的曲调是"河州令"。河州即今甘肃临夏，素有"花儿之乡"之称。"河州令"是花儿中流行广、影响大、有代表性的曲调之一。其旋律高亢开阔、自由舒缓，富有西北地方色彩。乐段由上下两个乐句构成，乐句悠扬宽长，起伏度大。歌词寓意深刻，富于想象，以牡丹比喻心爱的女子，表现了青年男子对心爱的姑娘的思念和倾慕之情，表达了旧社会，相爱的青年男女因封建礼教的束缚和封建势力的阻挠而不能在一起，只能望"花"兴叹的心情。

（三）《花儿与少年》

青海民歌《花儿与少年》原名《四季歌》，是根据青海"花儿"改编而成的。这首民歌描绘了西北高原上朝气蓬勃的青年男女唱歌跳舞、嬉戏的生动情景，其曲调高亢悠扬，歌词淳朴清新，节奏欢快，旋律优美，有"西北之魂"之称。

知识链接：朱仲禄

朱仲禄，生于青海省同仁县，老一辈河湟花儿歌唱艺术家，人称"花儿王"，也是风靡全国的《花儿与少年》创作者之一。他自幼学唱花儿，博采众长，形成了自己的演唱风格。其声音明亮挺拔、刚柔相济、韵味地道，并且山野气息浓厚，给人以天高气朗的感受。

二、青海平弦

青海平弦，又称西宁赋子，因主要流行于西宁一带而得名。其乐器以三弦为主，用月琴、琵琶、扬琴、笛子等伴奏，由演唱者一手手持筷子，一手夹瓷碟互相敲击掌握节奏。其曲调优美抒情、温柔婉转，具有浓郁的地方特色。2008年6月7日，青海省西宁市申报的"青海平弦"经国务院批准被列入第二批国家级非物质文化遗产名录。

青海平弦是属于乐曲式联曲体的一种曲艺形式。行当虽有生、旦、净、丑之分，但在唱腔上并无明显的区别。表演上重文不重武，唱重于做，适合演出抒情题材的剧目。传统剧目表演程式多吸收京剧、秦腔程式；现代戏则在传统表演程式基础上，从生活中提炼接近现实的表演动作。每个唱段都配有表达情绪与情节的固定的曲调，这些曲调又是早已成套的，十分丰富，唱段内容就是用这种套曲的形式来表现的。其传统曲目的内容、曲调来源广泛，其来源经初步考证上至唐五代间的变文（如《孔子拜师》）、诗词，宋、金、元代的宝卷、诸宫调（如《西厢记》），下至明清的弹词、民歌、小曲等。在长期的流传过程中，一代一代的民间艺术家将它们吸收、融合、变化、发展，融入青海平弦的表演中，形成了很可观的曲调、曲目。

青海平弦丰富的传统曲目与各种曲调相结合，能够较完美地表达作品中蕴含的思想感情。这些曲调被艺人称作"十八杂腔，二十四调"。实际上远不止此，现已记录的包括曲牌在内的各种曲调有 50 多个。这些曲调是在长期流传过程中被艺人琢磨加工并吸收了民间和古代许多小调、小曲等的曲调而形成的。

青海平弦经典剧目主要有《白猿盗桃》《孔子拜师》《密建游宫》等。

景点导航：茶卡盐湖

茶卡盐湖位于青海省海西蒙古族藏族自治州乌兰县茶卡镇盐湖路 9 号。"茶卡"是藏语，意即盐池，蒙古语为"达布逊淖尔"，也就是青盐的海。茶卡盐湖平均海拔 3 059 米，湖面面积 154 平方千米，四周雪山环绕，平静的湖面像镜子一样，反射着美丽的天空景色，被誉为"中国的天空之镜"。茶卡盐湖还因盛产大青盐驰名，成为中国首家绿色食用盐生产基地。近年来，其以生产、旅游两相宜而在国际国内旅游界享有较高美誉，游客数量逐年增长，成为大美青海的又一张亮丽金名片。

课后习题：

1. 青海平弦有什么音乐特点？
2. 请介绍一个你最喜欢的青海省著名景点。
3. 学唱一首青海民歌。

第四节　宁夏回族自治区

宁夏回族自治区，简称"宁"，省会为银川，位于中国西北内陆地区，东邻陕西，西、北接内蒙古，南连甘肃。这里丘陵沟壑林立，地形分为三大板块，即北部引黄灌区、中部干旱带、南部山区，而且旅游景点众多，有西夏王陵、贺兰山岩画、沙湖、沙坡头、青铜峡大峡谷等。

宁夏还是一个多民族聚居的地方，有丰富的音乐文化，这是长期以来宁夏各族群众相互交流、融合的结果。宁夏音乐文化由宁夏民歌、民间器乐、经堂音乐、宴席曲、花儿剧等组成，这些不同形式、题材的音乐同宁夏人民的生活有着密切的关系，具有浓郁的宁夏音乐风格特点。

一、宁夏花儿

"花儿"约产生于明代，有关它的起源众说纷纭。有人说它是在蒙藏民歌影响下形成的一种特殊的民歌；有人认为它由从外地迁来的回族人民的思乡曲演化而成；也有人认为它是明初从南京迁往洮州（今临潭）的移民常以花卉为比兴的一种民歌。总之，"花儿"自近代以来就成为回族人民喜爱的一种主要艺术形式。

"花儿"按传唱地区划分，分为"青海花儿""河州花儿""宁夏花儿"。其中，宁夏花儿有沿黄河流域从甘肃临夏流传演变的"宁夏河湟花儿"和宁夏南部山区的"六盘山花儿"。宁夏河湟花儿和六盘山花儿的流传地集中在西吉、海原、同心、隆德等回族聚居地。宁夏河湟花儿虽不以"令"命名，但仍属于河湟花儿体系的调令花儿，是河湟花儿在宁夏的一种流变现象。其旋法及演唱风格贴近河湟花儿，绝大部分为商徵型花儿，音域跨度较六盘山花儿更大，真假声的转换较为明显，代表作品有《尕妹妹门上浪三趟》等。与宁夏河湟花儿相比，六盘山花儿的旋律吸收了当地小调、信天游等的音乐特点，以角羽型花儿居多，连续高音区超高假音的运用较少，高低音转换更为直接，尾音多使用下滑音，代表作品有《一心想着你了》等。

（一）《尕妹妹门上浪三趟》

这是一首宁夏中宁的河湟花儿，以商徵音为主，延长音基本都在"re"（商音）和"sol"（徵音）上，在旋律的构成上，也围绕着这两个音进行级进、模进等。歌曲的引子部分基本由衬词构成，具有非常明显的山歌特色，显得高亢辽阔，直抒胸臆。主歌部分由上下两句组成，但是每一句话结尾都变化重复了句尾的音调，对乐句进行了扩展和强调，显得意犹未尽、情深意长。需要说明的是，《尕妹妹门上浪三趟》不仅流行于宁夏地区，在甘肃也有同名歌曲，曲调基本相同，风味却不相同，这也体现出民歌在传播过程中的变异性特点。

（二）《一心想着你了》

《一心想着你了》属于六盘山花儿，主要流传于同心县，当地人称这一类花儿为"山花儿"或是"干花儿"。它采用角调式，其曲调较河湟花儿显得更为婉转细腻，没有那种开阔的呼喊式的音调，而是多了一些倾诉和叙述的语气。这首歌曲中运用了山歌中常见的"比兴"手法，将"二哥哥"对心上人的思念展现得淋漓尽致。歌曲的主体部分为四句话，前两句的尾音都可以进行延长处理，分别落在"do"（宫音）和"la"（羽音）上；第三和第四句的落音都在"mi"（角音）上，为五声角调式，并且由于第四句是弱起的进入方式，与第三句连接紧凑，因此不能延长。综观全曲，旋律形态在一句话中间多以级进为主，音域的跨度也不是很大，在大胆抒情的同时透出清丽婉约。

二、宁夏小曲

宁夏小曲，民间俗称"宁夏说书"，又称"宁夏小调"，一度盛行于宁北地区，是一种传统说唱艺术。其在历史方志上无文字记载，因此形成年代不详。2014年，宁夏小曲被列入第四批国家级非物质文化遗产名录；2019年11月，宁夏小曲被列入国家级非物质文化遗产代表性项目保护单位名单。

宁夏小曲演唱时根据演唱的故事情节，二人分角色对唱，形成了一定的逗哏与捧哏关系，这一点和相声类似；若一人演唱，则由一人手持三弦自弹自唱。唱腔音乐为曲牌体，唱腔结构为单出反复。唱词格式有七字句式的齐言体，也有长短句式的杂言体。

宁夏小曲在曲调名称方面尚缺规范，同一曲调名下常有几种不同曲调旋律的情形，主要原因是曲调常与曲目同名之故。常见的是不同的演员演唱同一曲目时用的并非同一曲调，但均被冠以与曲目相同的名称；也有同一演员在演唱一个曲目时用的是不同的曲调，但这不同的曲调常用一个曲目名称。因此同一曲调名称下，常常会有多种句式不同、旋律各异的曲调。其节奏以 2/4 拍为主，也有 4/4 拍、3/4 拍、6/8 拍，并以常见的五声调式为主，但也存在七声音阶。徵、羽调式也常常出现在宁夏小曲里。常用曲调有"长工调""放羊调""放风筝调""拉骆驼调""小白菜调""扁豆开花调""太平年调""五更调""割韭菜调""莲花落调""尼姑思凡调""走西口调"等。

宁夏小曲里经常会见到大量的衬词或衬字，这点和花儿很相似，如"咂呀""哎哟""蜡梅花子香"等。这些衬词的运用增强了歌曲的渲染力和表现力，使得宁夏小曲更容易走进百姓的心里。

宁夏小曲在唱腔特点上，大致与陕西民歌和"花儿"一致，同样采用"尖音唱腔""仓音唱腔""尖仓结合"三种唱腔。其中，尖音唱法即高音唱法，就是所谓假声，特点是头腔共鸣居多，声音尖厉细腻；仓音唱法即真声唱法，与尖音唱法相反，主要靠胸腔呼吸，吐字清晰，声音浑厚有力。由于宁夏小曲的基本音域很狭窄，没有像"花儿"演唱起来那样高亢嘹亮，因此众多艺人在演唱时以仓音唱法为主，随着宁夏小曲的情绪起伏略加尖音，从而使唱腔更为婉转、圆润。

根据宁夏小曲创作的歌曲有很多，比较有代表性的有《宁夏川，我可爱的家乡》。下面对这首歌曲进行详细介绍。

为庆祝中华人民共和国成立 70 周年，由国家广播电视总局、中央广播电视总台联合主办，央视网、爱上传媒、各地 IPTV 分平台共同承办的大型全媒体活动《歌唱祖国·一首歌一座城》火热开启了音乐故事作品展播活动。由中国 IPTV 宁夏分平台选送的《宁夏川，我可爱的家乡》以"天下黄河富宁夏"的旋律唱出了一座城的丰美画卷。据当时宁夏广播电视台融媒体中心副主任方静的介绍，之所以选择这首《宁夏川，我可爱的家乡》参加本次大型全媒体活动，是因为它"是时代的印记，代表了宁夏人民热爱家乡、赞美家乡、建设家乡的心声"。

"宁夏川，两头尖，东靠黄河，西靠贺兰山。"这是《宁夏川，我可爱的家乡》中的歌词，对宁夏人民而言，已深深刻在脑海中。此次《歌唱祖国·一首歌一座城》将这首当地人耳熟能详的歌曲配以人物故事再度呈现，以一段"宁夏川"的旋律与"支宁人"戈敢老人的一生经历为主线，展现了宁夏建设路上的辛苦不易与砥砺奋进。

知识链接：现代流行歌曲《宁夏》

《宁夏》写的是词曲作者、著名唱片制作人李正帆的一段亲身经历，由梁静茹演唱。

2004 年，李正帆去了宁夏王民中学。穷是李正帆到王民中学时的第一印象，这里的每个学生上学要花两个半小时，放学回家也是两个半小时，住校的 40 个小朋友挤在

13.2平方米大的空间，每个人都膝盖顶着膝盖侧着睡。有两个上海复旦大学毕业的年轻人志愿到那里当老师，每天得在上课前，下山花半小时挑水给学生喝。老师以两个大碟子装水，利用太阳能烧水，再加上两个馍馍，就是每个学生一天的食物。那里的孩子没看过史努比、不知道什么是可口可乐，黄土高原上只有蓝天、绿树、黄土三个颜色，虽然环境恶劣，但每个学生都充满旺盛的求知欲。相处短短三天，李正帆便写下了《宁夏》这首歌，写下了宁夏这群学生给他的感动，也写下了那个宁静夏天难忘的回忆。

在李正帆离开的那一刻，所有的学生都哭了，有学生送上亲手缝制的鞋底，还有学生亲手刻了个粗糙的大印章给他。离开前，李正帆在户外的黑板上写下了《宁夏》的歌词："宁静的夏天，天空中繁星点点，心里头有些思念，思念着你的脸，我可以假装看不见，也可以偷偷地想念，直到让我摸到你那温暖的脸……"

李正帆带着满满的感动离开，回程路上旋律浮现脑海。回台北后，他写下了《宁夏》这首歌，写下了那个宁静夏天难忘的回忆和感动。

> **课后习题：**
>
> 1. 请说说宁夏花儿的音乐特点。
> 2. 听完歌曲《宁夏川，我可爱的家乡》，你有什么感受呢？
> 3. 学唱歌曲《宁夏》。

第五节　新疆维吾尔自治区

新疆维吾尔自治区，简称"新"，省会为乌鲁木齐。与西藏、青海、甘肃3个省（区）相邻，周边与蒙古国、俄罗斯、哈萨克斯坦、吉尔吉斯斯坦、塔吉克斯坦、阿富汗、巴基斯坦、印度8个国家接壤。它自古以来就是一个多民族聚居的地区，共有56个民族，其中世居民族有汉族、维吾尔族、哈萨克族、回族、柯尔克孜族、蒙古族、锡伯族、满族等。这里旅游资源丰富，自然景观神奇独特，有高山湖泊天山天池、人间仙境喀纳斯、绿色长廊吐鲁番葡萄沟、空中草原那拉提等著名景区。

新疆历史文化底蕴深厚，民族风情浓郁，素有"歌舞之乡"的美称，在我国音乐文化发展史上取得过极高的成就。

一、木卡姆

木卡姆，为阿拉伯语，意为规范、聚会等意，在现代维吾尔语中的主要意思为"古典音乐"。木卡姆是民歌、歌舞、器乐相结合的大型套曲艺术，它运用音乐、文学、舞蹈、戏剧等各种语言和艺术形式表现了维吾尔族人民绚丽的生活和高尚的情操，被称为维吾尔族历史和社会生活的百科全书。

木卡姆有十二大套，又称"十二木卡姆"，这十二套大曲分别是拉克、且比亚特、木夏乌热克、恰尔尕、潘吉尕、乌扎勒、艾介姆、奥夏克、巴雅特、纳瓦、西尕、依拉克。维吾尔族"十二木卡姆"的每一个木卡姆均分为大拉克曼、达斯坦和麦西来普三大部分，每一个部分又由四个主旋律和若干变奏曲组成。其中，每一首乐曲既是木卡姆主旋律的有机组成部分，又是具有和声特色的独立乐曲。为木卡姆伴奏的乐器有萨它尔、丹布尔、热瓦普、达卜、独塔尔等。

（一）木卡姆的产生

早在维吾尔族祖先从事渔猎、畜牧生活时期就产生了在旷野、山间、草地即兴抒发感情的歌曲，后来经不断融合、演变，到12世纪形成了"博亚万"组曲，这就是木卡姆的雏形。木卡姆正式纳入中华民族的文化宝库与一位伟大的维吾尔族女性——阿曼尼莎汗有关。她召集了大量乐师和木卡姆演唱家来整理木卡姆，使之系统化和规范化，并改掉了原来木卡姆歌词中难懂的阿拉伯语外来语词汇、古维吾尔语词汇和宫廷诗词，还创作了"依西莱提安库孜"这一新木卡姆，从而整理出结构完整、朗朗上口、易于理解的全新木卡姆。19世纪，这套木卡姆被逐步精缩为十二部套曲，每部套曲约演奏2个小时。浓缩后的木卡姆被命名为"十二木卡姆"，但无文字记录。

（二）木卡姆的分布及传承

今天，木卡姆分布地区很广，种类繁多。伊朗、土耳其、印度等国家均有木卡姆，但就其种类来说，在世界上，我国新疆维吾尔族的木卡姆种类最多，有一系列带有地域特色的套曲，如《哈密木卡姆》《吐鲁番木卡姆》《刀郎木卡姆》《伊犁木卡姆》等。

长期以来，十二木卡姆的传承都是采取师徒相传、口传心授的形式。这种传承形式不稳定，加上十二木卡姆体系庞大，词义深奥，曲牌绵长，完整记下来非常困难，中华人民共和国成立前，十二木卡姆已濒临消失。为了抢救这濒临失传的音乐瑰宝，1950年，文化部（现为文化和旅游部）派出万桐书、刘炽等音乐家组成"十二木卡姆整理工作组"开始了艰辛的挖掘、整理工作。音乐家找到唯一能完整演唱十二木卡姆的维吾尔族老艺人吐尔地阿洪，用一台老式钢丝录音机录下了十二木卡姆的全部内容。他们用了将近6年时间才将曲谱、歌词整理完毕。经过整理和编辑，1960年正式出版了《十二木卡姆》，其中包括古典叙诵歌曲、民间叙事组歌、舞曲、即兴乐曲340余首。

20世纪80年代，新疆相继成立了新疆维吾尔自治区木卡姆研究室、新疆木卡姆艺术团（今为新疆艺术剧院木卡姆艺术团），同时出版了《十二木卡姆》《哈密木卡姆》《刀郎木卡姆》《吐鲁番木卡姆》等书籍和光盘。1996年，新疆艺术学院成立了木卡姆表演艺术班，十二木卡姆正式进入新疆维吾尔自治区高等艺术学府，从而开创了专业的学校教育传承方式和体系。2000年，新疆师范大学开办了木卡姆艺术研究生班，以培养高素质传承人。2007年10月24日18时5分成功发射升空的"嫦娥一号"搭载了31首歌曲,《十二木卡姆》选曲名列其中。2010年7月28日,新疆维吾尔自治区颁布了《新疆维吾尔自治区维吾尔木卡姆艺术保护条例》,它是我国首次就保护人类非物质文化遗产代表作进行的单项立法。这些举措都有利于木卡姆的传承。

此外,2011年,作曲家杨立青创作了一部三管编制单乐章管弦乐作品,即大提琴协奏曲《木卡姆印象》,并于2012年6月在国家大剧院音乐厅新疆十二木卡姆交响音乐会上进行了首演。此次演出以西方交响乐的形式对新疆木卡姆音乐进行了一种新的诠释,为十二木卡姆的传承与发展做出了有益的尝试与示范。

二、新疆民歌

新疆民歌的旋律优美动听,节奏活泼欢快,结构规整对称。其大多采用七声自然调式,也有的用五声调式,$\flat 7$、$\sharp 1$、$\sharp 2$、$\sharp 4$、$\sharp 5$等变化音的使用丰富而有变化,主要伴奏乐器有手鼓、冬不拉、热瓦甫、铁鼓等。代表作品有《花儿为什么这样红》《阿瓦日古丽》等,影响极广。

(一)《花儿为什么这样红》

《花儿为什么这样红》是一首塔吉克族民歌,是电影《冰山上的来客》的插曲。词曲作者是著名电影音乐人雷振邦,他曾为40余部影片创作出了100余首经典的音乐作品。

这首歌创作伊始,雷振邦不顾个人安危,到位于喀喇昆仑山上的多个哨所采风。他从一个塔吉克族战士的口中听到了一个爱情故事。这个故事来源于塔吉克族的一首民间歌曲《古丽碧塔》,主要讲述的是一名为商人赶脚的塔吉克族青年爱上了喀布尔城的一位公主,但遭到了权贵的反对,伤心落寞的青年只能顺着古丝绸之路流浪,把优美凄凉的歌声传遍了所有他路过的地方,最后传回到他的故乡。雷振邦被这个故事所感动,怀着激情进行再创作,于是《花儿为什么这样红》便诞生了。

电影《冰山上的来客》主要讲述的是戍守边防的战士和塔吉克族的牧民一起"打击土匪""打击特务"的故事。这部片子里面有爱情,但更有对祖国的忠诚、对革命事业的忠诚,还有对民族团结的拥护。作为《冰山上的来客》的插曲,《花儿为什么这样红》保持了新疆塔吉克族民间诗歌的特色,用火热的旋律咏叹友谊,歌颂爱情,也铸就了中华民族音乐文化的经典。

(二)《阿瓦日古丽》

"阿瓦"在阿拉伯语和维吾尔语中都表示空气的意思,"古丽"是花朵的意思。在维吾尔族,"古丽"就常常被用作女孩的姓名,许多维吾尔族女性的名字后缀上都有"古丽"两字,如阿依古丽、巴尔特古丽等。这首改编自新疆维吾尔族的民歌《阿瓦日古丽》又名《阿瓦尔古丽》《阿瓦古丽》等。

新疆民间传说中有一位美丽的女子名叫"阿瓦尔古丽",她迷人可爱,没人能比得上她。这首歌表达了对这位美丽女子的追寻,表达了无尽的思念和由衷的赞美之情,也表现出了维吾尔族人民对幸福生活的赞美和向往。

知识链接:石夫

《阿瓦日古丽》由我国著名作曲家石夫根据新疆维吾尔族音乐改编创作。石夫是我国"西部音乐"的先拓者,他于1950年来到新疆,投身于民间音乐的采风收集、整理创作、实践应用,为"西部音乐"文化的传承和传播做出了卓越贡献,被人们尊称为"新疆作曲家""新疆音乐行家"。

(三)《吐鲁番的葡萄熟了》

《吐鲁番的葡萄熟了》创作于1978年,由瞿琮作词、施光南谱曲、罗天婵首唱,是一首充满浓情蜜意的新疆风味的艺术歌曲。2019年12月,《吐鲁番的葡萄熟了》被评为最美城市音乐名片十佳歌曲。在这首歌曲中,作曲家赋予了爱情时代意义,把对爱人、对祖国和对生活的情感融合在一起,通过处处有意、句句含情的语言表现出姑娘对恋人的深情厚谊。这首歌曲既是对美好事物的歌颂,也是对人类美好品格的赞扬。

歌曲的曲式结构为二部曲式。全曲将新疆民歌《牡丹汗》的主题音调作为创作素材,以级进回返式上下模进的变化手法展开旋律,将典型的民族音乐元素同现代作曲技法相结合,使歌曲呈现出了鲜明的民族特色和浓郁的时代气息。全曲在b小调的基础上多次进行近关系调转换,通过变化音#4的装饰性色彩展开音乐主题,具有典型的维吾尔族民歌的创作特点。

其歌词的构思巧妙,格调清新,描述了维吾尔族姑娘阿娜尔罕和驻守边防哨卡的克里木的真实爱情故事。

作曲家施光南以其出众的旋律天赋,选用新疆民间曲调素材和民族歌舞中手鼓的典型节奏加以精心编创,谱就了这曲美丽动人的欢乐颂,使这首歌成为改革开放初期各族人民崭新精神风貌的象征。

课后习题:

1. 新疆民歌有什么音乐特点?
2. 学唱一首新疆民歌。

参考文献

[1] 蒋慧明. 京韵大鼓 [M]. 北京：文化艺术出版社，2013.

[2] 薛宝琨. 骆玉笙和她的京韵大鼓 [M]. 哈尔滨：黑龙江人民出版社，1984.

[3] 刘新阳. 京剧 [M]. 重庆：重庆出版社，2016.

[4] 于文青，马铁汉. 中国京剧简明读本 [M]. 北京：新华出版社，2016.

[5] 北京戏曲评论学会. 中国京剧经典剧目汇编：艺术赏析卷上 [M]. 北京：中国文史出版社，2017.

[6] 北京戏曲评论学会. 中国京剧经典剧目汇编：艺术赏析卷下 [M]. 北京：中国文史出版社，2017.

[7] 孙光钧. 天津民歌研究 [M]. 北京：大众文艺出版社，2005.

[8] 徐荣坤，赵哲亮. 中国民歌精选 [M]. 天津：百花文艺出版社，2019.

[9] 杜亚雄. 中国民歌地图：北方卷 [M]. 合肥：安徽文艺出版社，2012.

[10] 杜亚雄. 中国民歌地图：南方卷 [M]. 合肥：安徽文艺出版社，2012.

[11] 刘志凯. 王毓宝与天津时调 [M]. 天津：百花文艺出版社，2000.

[12] 刘小凯. 天津有个王毓宝 [M]. 天津：天津人民出版社，2015.

[13] 张燕鹰. 评剧 [M]. 北京：中国文联出版社，2008.

[14] 乔建中. 中国经典民歌鉴赏指南：上 [M]. 上海：上海音乐出版社，2002.

[15] 乔建中. 中国经典民歌鉴赏指南：下 [M]. 上海：上海音乐出版社，2002.

[16] 周耘. 中国传统民歌艺术 [M]. 武汉：武汉出版社，2003.

[17] 王笑林. 晋剧史话 [M]. 北京：社会科学文献出版社，2016.

[18] 陈建国，王秀庭. 民族器乐 [M]. 济南：山东人民出版社，2014.

[19] 杜亚雄. 中国民族器乐概论 [M]. 上海：上海音乐学院出版社，2015.

[20] 李建军，红梅. 流淌在生命里的歌：蒙古长调艺术 [M]. 哈尔滨：黑龙江人民出版社，2009.

[21] 谭静波. 豫剧 [M]. 北京：中国文联出版社，2008.

[22] 赵抱衡. 豫剧经典唱段 100 首 [M]. 合肥：安徽文艺出版社，2008.

[23] 周勇，刘新敖. 湖南花鼓戏鉴赏 [M]. 长沙：湖南师范大学出版社，2017.

[24] 李凤玲，孙颖，辛建萍. 中国旅游景点文化概览 [M]. 济南：山东大学出版社，2002.

[25] 蒋中崎.越剧文化史[M].杭州：浙江大学出版社，2015.

[26] 周大风.越剧音乐概论[M].北京：人民音乐出版社，1995.

[27] 王志成.乐清人文史话[M].北京：人民日报出版社，2005.

[28] 王长安.安徽戏剧通史[M].合肥：安徽教育出版社，2010.

[29] 黄莉丽.中国民族民间音乐教程[M].广州：暨南大学出版社，2010.

[30] 何其芳，张松如.陕北民歌选[M].上海：新文艺出版社，1952.

[31] 周良.苏州评弹[M].苏州：苏州大学出版社，2000.

[32] 袁炳昌，冯光钰.中国少数民族音乐史：上[M].北京：中央民族大学出版社，1998.

[33] 袁炳昌，冯光钰.中国少数民族音乐史：下[M].北京：中央民族大学出版社，1998.

[34] 人民音乐出版社编辑部.中国民歌选[M].北京：人民音乐出版社，1984.

[35] 王正强.陇剧音乐研究[M].北京：人民音乐出版社，1999.

[36] 李双松.民族唱法经典歌曲集[M].北京：金盾出版社，2015.

[37] 歌曲编辑部.歌曲1981[M].合订本.北京：人民音乐出版社，1982.

[38] 熊露霞.中国经典民歌赏析[M].北京：人民音乐出版社，2008.

[39] 李英子.中国文化知识读本：藏族[M].长春：吉林出版集团有限责任公司，2010.

[40] 阚男男.广东粤剧/藏戏[M].长春：吉林出版集团有限责任公司，2014.

[41] 周青青.中国民歌[M].北京：人民音乐出版社，1993.

[42] 周青青.中国民间音乐概论[M].北京：人民音乐出版社，2003.

[43] 周青青.中国民歌欣赏[M].北京：中央音乐学院出版社，2015.

[44] 乔建中.中国传统音乐[M].上海：上海音乐学院出版社，2009.

[45] 胡晓军，褚伯承.中华戏曲：沪剧[M].北京：社会科学文献出版社，2013.

[46] 袁静芳.中国传统音乐概论[M].上海：上海音乐学院出版社，2000.

[47] 符桂花.黎族传统民歌三千首[M].海口：海南出版社，2008.

[48] 陶诚.岭南文化中的"广东音乐"[M].北京：人民音乐出版社，2018.

[49] 卢庆文.广东音乐[M].广州：广东教育出版社，2010.

[50] 马达.音乐地理学视域中的岭南传统音乐[M].北京：中国社会科学出版社，2020.

[51] 肖文礼.岁时节日体系中的赣南客家仪式音乐研究[M].北京：中国社会科学出版社，2015.

[52] 肖艳平.客家音乐百年文献综录：民间歌曲研究卷[M].北京：文化艺术出版社，2020.

[53] 赖登明.福建客家音乐文化[M].厦门：厦门大学出版社，2021.

[54] 李莉.广西音乐文化历史研究[M].桂林：广西师范大学出版社，2018.

[55] 徐希茅，熊纬，徐飞，等，江西现当代音乐史纲[M].南昌：百花洲文艺出版社，2017.

[56] 王耀华，刘春水，黄忠钊，等.南音：上册[M].福州：福建教育出版社，2020.

[57] 王耀华，刘春水，黄忠钊，等.南音：下册[M].福州：福建教育出版社，2020.

[58] 韦慈朋.江南丝竹音乐在上海[M].阮弘，译.上海：上海音乐学院出版社，2008.

[59] 周凯模. 岭南民俗音乐的人类学阐释 [M]. 福州：福建教育出版社，2017.

[60] 马达，陈雅先. 地域文化与岭南传统音乐传承研究 [M]. 北京：中国社会科学出版社，2016.

[61] 冯朔. "情景再现"在博物馆临时陈列展览中的应用性研究 [D]. 广州：广州大学，2018.

[62] 杨烨卿. 文化理解在高中"音乐鉴赏"课中的应用研究 [D]. 重庆：西南大学，2021.

[63] 贡吉. 藏戏《朗萨雯蚌》的艺术审美研究 [D]. 成都：西南民族大学，2021.

[64] 高苗苗. 天津时调之【靠山调】改革的成功经验：以王毓宝的《放风筝》《军民鱼水情》为例 [J]. 乐府新声（沈阳音乐学院学报），2015（4）：107–110.

[65] 孙治国. 从《桃花红杏花白》微观山西民歌的艺术特色及演唱风格 [J]. 黄河之声，2021（24）：10-12.

[66] 王冬冬. 浅析河北民歌《小放牛》的艺术特征 [J]. 北方音乐，2019，39（4）：57.

[67] 王雍，张雨晴，王锐. 土家族民歌调查研究：以《龙船调》为例 [J]. 今古文创，2021（46）：82–83.

[68] 黄中骏. 论民歌《龙船调》的历史传承、艺术特色和启示 [J]. 中国文艺评论，2019（10）：32–40.

[69] 刘小瑢. 湖北民歌《龙船调》音乐结构分析 [J]. 黄河之声，2019（13）：

[70] 樊姝琳. 浅析湖北民歌《洪湖水，浪打浪》的艺术特征 [J]. 黄河之声，2021（7）：19–21.

[71] 彭靓. 浅析湖南民歌《浏阳河》[J]. 黄河之声，2020（3）：8.

[72] 范海青. 音乐中节奏的情感表达研究：以朝鲜族民谣《阿里郎》为例 [J]. 艺术大观，2021（24）：7–8.

[73] 李海燕. 东北民歌《新货郎》的艺术特征解析及说唱技巧探究 [J]. 艺海，2015（4）：78–80.

[74] 杜淅茜. 东北秧歌"稳"与"浪"审美特征分析 [J]. 艺术品鉴，2021（10）：56–58.

[75] 裴诗凡，向一东. 二人转节奏的润腔特征及演唱原则 [J]. 明日风尚，2020（10）：150–151.

[76] 韩智慧. 浅析二人转作品的艺术特征 [J]. 北方音乐，2020（1）：244–245.

[77] 王晔，陈建烨. 黑龙江流域游牧渔猎民族非遗类音乐文化的价值与传承策略 [J]. 音乐创作，2018（12）：128–129.

[78] 徐欣. 黑龙江流域少数民族音乐文化的保护与传承 [J]. 戏剧之家，2020（23）：115.

[79] 史然，秦婉丽. 鄂伦春民歌分析：以《鄂伦春小唱》不同版本为例 [J]. 中国民族博览，2018（7）：163–165.

[80] 姚斓. 少数民族音乐：鄂温克族 [J]. 琴童，2019（9）：53–55.

[81] 蔡云凌. 黑龙江北方民族音乐文化的发展态势 [J]. 艺术品鉴，2017（1）：302–303.

[82] 王翊卓. 论《乌苏里船歌》的音乐特性和演唱技巧 [J]. 北方音乐，2019，39（5）：79–

147

81.

[83] 倪千红，张永夫，薛忠明. 辽宁民间鼓吹乐概况 [J]. 中国音乐，1989（1）：66.

[84] 徐典. 探析地方戏剧吉剧的民间性 [J]. 中国文艺家，2020（2）：55.

[85] 武擎. 中国东北地区历史文化地理对其音乐的影响 [J]. 北方音乐，2020（14）：241-242.

[86] 张林飞. 浙江民歌《采茶舞曲》的音乐特征和演唱研究 [J]. 艺术品鉴，2018（36）：343-344.

[87] 周菁葆. 维吾尔木卡姆形成发展史述略 [J]. 新疆社会科学，1990（1）：86-93.

[88] 宫召山. 浅析中国民歌的内在美：以江苏民歌《茉莉花》为例 [J]. 山西教育（高教版），2019（6）：78，80.

[89] 谢文丽. 江苏民歌《茉莉花》美学价值分析 [J]. 民族音乐，2021（1）：22-24.

[90] 董卿基. 对青海民歌在当地高校传承与发展的思考：以青海花儿和小调为例 [J]. 大舞台，2015（11）：178-179.

[91] 马桂花. 青海平弦及其艺术风格初探 [J]. 青海民族学院学报，2001（3）：98-100.

[92] 杜亚雄. 《在那遥远的地方》是一首跨民族传承的民歌 [J]. 中国音乐学，2022（2）：48-55.

[93] 宋倩，安晓燕，董坤伟. 甘肃"花儿"的传承保护与创新发展 [J]. 智库时代，2018（39）：132，141.

[94] 许文涛. 重庆石柱土家族"斗锣"的音乐形式及人文价值初探 [J]. 中国音乐，2011（3）：152-156.

[95] 彭屿嘉. 川江号子在非遗视域下的发展现状探索 [J]. 明日风尚，2021（14）：152-154.

[96] 董尧尧. 川剧摇篮：古老艺术在这里薪火相传 [J]. 西南航空，2006（8）：52-54.

[97] 台亚文. 浅析四川民歌《太阳出来喜洋洋》的地方特色和演唱技巧 [J]. 戏剧之家，2021（25）：85-86.

[98] 万平，蔡少波. 川剧吐火、变脸绝技的历史传承与器材改进 [J]. 四川戏剧，2010（2）：111-114.

[99] 龙国洪. 扎根传统 兼容并蓄 邵志庆花灯戏旦角唱腔艺术研究 [J]. 中国戏剧，2021（12）：58-60.

[100] 扶燕，龙国洪. 乐队配器在花灯戏音乐风格构建中的作用：以贵州花灯戏《红梅赞》为例 [J]. 四川戏剧，2021（3）：152-154.

[101] 高昂. 从《步步高》看吕文成艺术创作特点 [J]. 中国文艺家，2021（1）:70-71.

[102] 石磊. 析《步步高》探粤乐意境 [J]. 乐府新声（沈阳音乐学院学报），2014，33（3）:71-73.

[103] 廖夏林. 民间山歌旋律的现代性：从《苏区干部好作风》看兴国山歌的经典传承 [J]. 文艺争鸣，2011（10）：163-165.

[104] 李春沐. 梅州客家山歌剧的多元化发展路径 [J]. 中国戏剧，2021（2）：88-89.

[105] 郑远慧.客家山歌剧"由歌而剧"的演变与发展[J].四川戏剧,2021(2):184-186,190.

[106] 曹量,王晓平."后集成时代"的黎族音乐研究[J].南京艺术学院学报,2016(3):55-59.

[107] 张睿.论地方高校在传承地方音乐文化中大可作为:以海南黎族民歌的保护和传承为例[J].黑龙江高教研究,2014(12):106-107.

[108] 马达,李小威.中山咸水歌的生态环境系统解读[J].艺术百家,2015,31(6):166-170,233.

[109] 范巧珍.广西音乐非物质文化遗产保护与传承探析[J].广西社会科学,2012(2):30-33.

[110] 董燕.赣剧音乐:江西戏剧音乐文化的经典[J].艺术百家,2010,26(增刊2):338-340,257.

[111] 吴会师.雅中花灯戏照亮古村落[J].文化月刊,2015(33):66-67.

[112] 龚碧林.葫芦丝独奏曲《竹林深处》赏析[J].民族音乐,2013(5):83.

[113] 次仁朗杰.西藏布达拉宫传统嘎尔乐舞艺术[J].中国艺术时空,2018(1):54-61.

[114] 王秋贵.黄梅戏与安庆民歌[J].黄梅戏艺术,2009(2):3-8,12.

[115] 汪世明.忆《摘石榴》的整理改编者张荣阳[J].江淮文史,1996(6):90-91.

[116] 彭桂云.《沂蒙山小调》的演变及艺术特征[J].艺海,2011(3):65-66.

[117] 黄虎.陕西民间音乐的地域特征与生成背景[J].星海音乐学院学报,2012(4):19-29.

[118] 王亚.论石柱土家族"啰儿调"的特点与传承[EB/OL].(2017-08-15)[2022-07-20].https://www.doc88.com/p-5681381099028.html.

[119] 佚名.丰富多姿的云南民族乐器[EB/OL].(2020-11-11)[2022-07-20].https://www.doc88.com/p-9993156773484.html.

[120] 佚名.藏族音乐[EB/OL].(2021-12-11)[2022-07-20]. https://baike.baidu.com/item/%E8%97%8F%E6%97%8F%E9%9F%B3%E4%B9%90/3691651?fr=aladdin.

后 记

《跟着音乐去旅行》这本书自 2020 年秋开始酝酿,经过了论证、撰写、修订等环节,于 2021 年开始编写。在编写过程中,编写小组成员得到了来自浙江旅游职业学院艺术学院、旅行服务与管理学院以及浙江星航国际旅行社有限公司的关怀和大力支持。

2021 年 3 月,《跟着音乐去旅行》编写小组成立,经过数月努力,于 7 月整理出初稿,并在学院内部印刷,于同年 9 月在院级公选课"跟着音乐去旅行"的教学中试用了本书。经过一个学期的教学之后,为适应教学需要,编写小组又将其中的内容进行了删减或增补。

在章节任务的分配上,其中第一章、第四章由陈轶群编写,第二章由罗曼丽编写,第三章由李小亚、楼依妮合作编写,第五章由楼依妮编写,第六章由吴倩芸编写,第七章由李小亚编写,浙江星航国际旅行社有限公司的黄云海则负责所有章节中相关景点的文字介绍部分。最后,陈轶群和罗曼丽负责体例的调整。

《跟着音乐去旅行》不是真正的旅行,这里的旅行有两层含义:第一,这本书以及相配套的教学资源将带领大家进行一次心灵的旅行;第二,这本书的编写是以我国的行政地域划分来进行章节材料的组织和编排的,了解一个地区的代表性音乐,以及这个地区的相关人文环境,相当于跟着音乐的风貌游览了一个地区。

我国地大物博,历史悠久,有着非常丰富、复杂的文化,想要通过一本书了解所有地区的音乐是不可能的。而且,由于《跟着音乐去旅行》编写小组经验不足、水平有限,本书在编写过程中难免存在疏漏,恳请广大读者批评指正。

编者
2022 年 11 月